JN066121

誰も教えてくれない「SCM計画立案・遵守」の疑問(ギモン)

あなたの会社の生販在（PSI）計画は機能していますか!?

本間 峰一 著

日刊工業新聞社

はじめに
〜ジャスト・イン・タイムが成り立たなくなった

本書は、日本の工場が抱える経営課題の解説に取り組んだ「誰も教えてくれない…」シリーズの第4弾です。過去に出版した第1弾「工場の損益管理の疑問」、第2弾「生産管理システムの正しい使い方」、第3弾「部品工場の納期遅れの解決策」はおかげさまで増刷を重ねています。

今回の第4弾は、工場生産の基盤となるSCM（サプライチェーンマネジメント）計画に関する疑問について解説します。

読者のみなさんは、「サプライチェーン・マネジメントがわかる本（日本能率協会マネジメントセンター)」「図解サプライチェーン・マネジメント（日本実業出版社)」という本をご存じでしょうか。これらの本は、1998年から1999年にかけて筆者が仲間と共同執筆した本です。両書の出版により、日本のビジネス社会に「SCM」という言葉が広まりました。

当時のSCMは、故ゴールドラット博士が提唱したTOC（制約条件理論）の影響を受けており、商品供給網（サプライチェーン）の全体最適の実現が主目的となっていました。SCMをサポートする海外製のスケジューリングソフトや需要予測ソフトも次々と上陸し、大手のメーカーや卸売業者を中心にSCMがブームとなっていきました。

しかしその後、SCMという言葉をほとんど聞かなくなりました。残念ながら「サプライチェーンの全体最適」というSCMの理想は夢物語に終わり、「大手のサプライチェーンリーダーだけが最適化」という現実に直面するプロジェクトが相次いだためです。

こうしたSCMが、ここへきて再び注目を集めるようになってきました。現在の注目ポイントは、商品物流の最適化ではありません。そこは変わらず大手業者がリードしています。

現在のSCMは、さまざまな要因により販売計画・生産計画に沿った業務運営に支障をきたす企業が増えたことへの対応、が主目的となっています。特に、ERP（統合業務管理）パッケージを導入した大企業や中堅企業で、業務混乱が多発しています。海外で生まれたERPは、計画重視を前提にした業務管理システムです。ところが、日本では計画通りに業務が進まない工場の方が一般的です。

計画通りの工場生産ができない原因には大きく2つあります（詳細は本文で紹介します）。1つは商取引の変化により、ベースとなる販売計画の精度が低下したことです。2つ目は人手不足やサプライチェーンの寸断などの影響で、部品や仕掛品が要求納期（ジャスト・イン・タイム）通りに届かなくなったことです。

これらの計画遵守に関する問題を解決する方策として再び脚光を集め始めたのが、サプライチェーン上のモノの動きを管理する「SCM」です。本書では、「シン・SCM」を「計画立案」と「計画遵守」の両面から解説していきます。特に、サプライチェーンの進捗管理における実務対策に力を入れて解説しました。

外資系のコンサルタントやベンダーが語るSCM像とは少し違うかもしれませんが、他の「誰も教えてくれない…」シリーズの本と同様に、現実的な観点からのSCM解説を心がけています。SCMに関する実務アプローチを学びたい方に、参考にしていただける内容になっているはずです。

本書の出版に際しては、コンサルティング活動を通じて知り合った企業の皆様やコンサルタントの皆様から多くの知恵を拝借しました。皆様のご多幸をお祈り申し上げるとともに感謝いたします。

2023年5月

本間 峰一

誰も教えてくれない「SCM計画立案・遵守」の疑問

目 次

はじめに
～ジャスト・イン・タイムが成り立たなくなった……1

第1章 SCMの成否を分ける PSI計画

1-1 掛け声倒れに終わったかつてのSCM……8
1-2 PSI計画がSCMを機能させる……12
1-3 PSIを構成する３つの計画……16
1-4 計画と予測、予定、目標の違いに気をつけよう……20
1-5 何のために企業はPSI計画をつくるのか……24
1-6 PSI計画で企業利益を増やす……28
1-7 在庫を増やすだけでも利益は増える……32
1-8 ERPを入れただけではPSI計画はつくれない……36
1-9 S&OPとPSI計画……40

column 日本の賃上げは定着するのか ―― 44

第2章 販売計画を過信してはいけない

2-1 PSI計画の変更多発に困っている……46
2-2 計画生産製品と受注生産製品を一緒くたに扱わない……50
2-3 なぜ営業がつくる販売計画は信用できなくなったのか……54
2-4 商物分離が営業の役割を変えた……58
2-5 ブルウィップ効果のために半導体が不足した……62
2-6 仕事ができる人のサバ読みに注意しよう……66
2-7 大企業が出してくる内示情報が当てにならない……70
2-8 販売計画に需要予測ソフトは使えるのか……74
2-9 そもそも日本は製品の品種が多過ぎる……78

column 食品業界はOEM生産が支えている――82

第3章 在庫・生産計画の強化で変動を乗り切る

3-1 計画遂行の障害となる余剰在庫を分離する……84
3-2 仕掛品在庫と滞留在庫を管理する……88
3-3 在庫計画に基づき在庫を補充する……92
3-4 需要変動安全在庫と生産変動安全在庫の違い……96
3-5 生産平準化を念頭に生産計画をつくる……100
3-6 部材調達計画と製造計画を分けて考える……104
3-7 製造計画は小日程計画だけつくれば十分だ……108

3-8 製造計画はネック工程の利用から考える……112
3-9 部品が要求納期に入ってこない……116

column 20XX年が迫っている——120

第4章 計画を無視する現場を放置しない

4-1 工場関係者が生産管理の勉強をしていない……122
4-2 現場が計画を無視してつくっている……126
4-3 製造効率を高めただけでは生産性は向上しない……130
4-4 ジャスト・イン・タイムからジャスト・イン・ケースへ……134
4-5 情報システムのマスター精度が低過ぎる……138
4-6 Excelだけでは計画を管理できない……142
4-7 スケジューラーやAIを入れただけでは解決しない……146
4-8 何がPSI計画の実行を阻害するのか……150

column パナソニックが買収したSCMソフト会社——154

第5章 工場にSCMを定着させる奥義

5-1 サプライチェーン上のモノの動きを監視する……156
5-2 生産管理システムを工場の実際に合わせる……160

5-3 MESを追加で導入する …… 164

5-4 工場の進捗は製造番号で管理する …… 168

5-5 在庫の精度を向上させる …… 172

5-6 進捗情報を正しく入力してもらう …… 176

5-7 過去の成功体験に気をつけよう …… 180

column 物流センターと物流倉庫は違う —— 184

参考文献 …… 185

索引 …… 187

第1章

SCMの成否を分けるPSI計画

SCM（サプライチェーンマネジメント）を統制するために作成するPSI（生販在）計画について解説します。企業社会で、「計画」という言葉は日常的に使われます。ところが計画に対するとらえ方は、使う人によって大きく異なります。そのような相違を放置したままで、計画作成や計画精度の向上、計画遵守などを論じてもあまり意味がありません。そこで最初にPSI計画の意味や位置づけ、役割、作成方法などを整理します。SCMを成功させるか失敗させるかは、PSI計画の作成・遵守に関する巧拙がカギを握っています。

1-1 掛け声倒れに終わったかつてのSCM

サプライチェーン（供給連鎖）全体を通じた製品の動きを、統合管理することをサプライチェーンマネジメント（SCM）と呼びます。日本でSCMがもてはやされたのは1990年代後半頃でした。SCMによる全体最適の実現というコンセプトが支持され、ビジネス社会に広がりました。ところがその後、SCMが有効に機能した企業や業界についてほとんど聞きません。

近年、SCMが再び注目を集めるようになってきています。工場が生産計画通りに生産するためには、サプライチェーン上の計画・実績情報を広く集める必要があることが認識されるようになったためです。SCMから切り離された工場内やサプライチェーン上に、過剰在庫と欠品があふれるようになり、業務効率化の支障になるケースが出てきたからです。たとえば2022年は世界的な半導体不足のため、開店休業状態になる工場が数多く見られました。サプライチェーン上の半導体流通に無頓着な企業ほど、生産混乱に悩まされたのです。

こうした生産混乱への反省が契機になり、SCMへの期待や注目が集まりました。本書は、そうした新しいSCMの動きについて紹介しますが、最初に過去のSCMがなぜ機能しなかったのかを整理します。

チェーンリーダーがわがまま過ぎた

SCMの基本的な考えは、サプライチェーンに絡む関係業者が互いの保有する物品の動きに関する情報を共有して、全体最適を実現することです。実現のためには、関係者が自己都合にこだわらずに行動することが求められます。

実際には、理想通りにはうまくいきませんでした。情報共有を実行しようとすると、強い立場にいるチェーンリーダーのわがままや情報独占がかえって助長されやすいからです。仕入先に対して他社用に準備しておいた在庫品の流用要求したり、無茶な増産要求をしたりするようなことが起きました。

チェーンリーダーは、量販店、通販業者、卸売業者、製品メーカー、部品会社などさまざまですが、大手業者の要求ほど通りやすく、納入業者に対してわがままを押しつけようとします。自動車業界のようにメーカーがチャネルリーダーとなって、SCMを全体統制している業界もありますが限定的です。

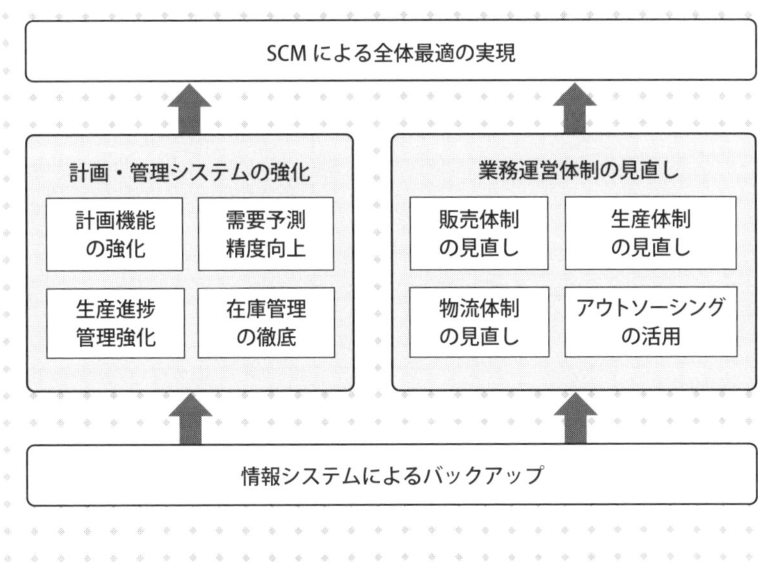

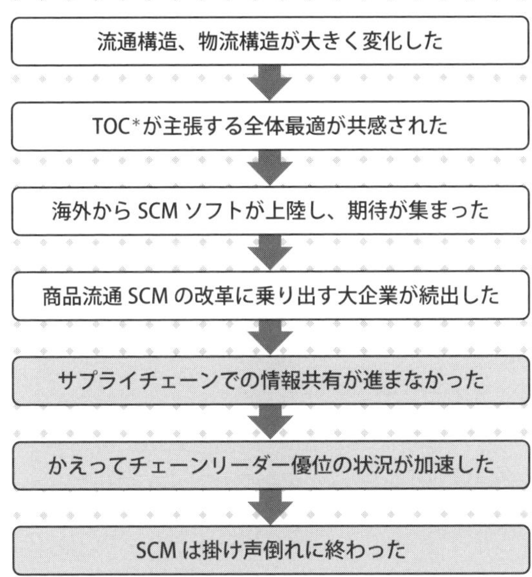

＊TOC：Theory Of Constraints（制約条件理論）

商慣習が複雑過ぎる

複雑な商慣習もSCM普及の障害となりました。「内示」「VMI」「工程外注」などの日本独特の商慣習がSCM構築を困難にしました。

「内示」とは正式注文の前に、調達先に流す事前手配予定情報のことです。数カ月前から対象品の調達予定時期や予定数量を伝達したり、親製品の生産計画を伝達したりします。内示は正式注文ではないため、数字や納期を変化させても問題にならないと考える購買関係者もおり、内示数字と注文数字が大きく違うようなことも起こりました。内示情報の信頼度が低いと、工場は計画変更への対応に追われて、過度な業務負担を余儀なくされます。

「VMI*」は、発注側の工場、倉庫、店頭などに供給者（ベンダー）所有の在庫を置いておき、出庫した分だけを仕入れることにして代金を支払う商取引です。「富山の置き薬」やデパートの「消化売上」と同じです。自社在庫金額を減らしたいと考える強い立場の企業が取引先に押しつけることが多いです。

「工程外注」は、自社の工程の一部を外部に委託して製造する形態です。本来、委託には指揮命令権はありませんが、自社工場内とほぼ同じ指揮命令をするようなグレーな製造指示運用をしている工場もあります。

物流の仕組みが複雑過ぎる

日本の商品配送の世界では、物流センターの利用が一般化しています。物流センターにもさまざまな形態があります。同じ業界の企業相手の配送であっても、相手によって異なる形態の物流センター運営をすることも多いです。メーカーは、取引先相手の物流センター形態に合わせて対応方針を変えねばなりません。多様な物流形態が混在すればするほど、商品流通は複雑化し、全体最適とは対極になりがちです。近年は商品流通の世界だけではなく、部品などの調達物流の世界でもJIT対応倉庫やミルクラン調達など、大企業都合の新しい仕組みが広がっています。

EDIの仕組みを統一できない

SCMのベースとして期待されたEDI*の共通化も、期待通りには進んでいません。EDIは内示情報、納品指示、支給などの注文情報以外のデータがやりとりされるので、共通化が難しいためです。

＊VMI：Vendor Managed Inventory

＊EDI：Electronic Data Interchange（電子データ交換）

チェーンリーダーのわがままが加速した

日本の大企業でよくあるケース

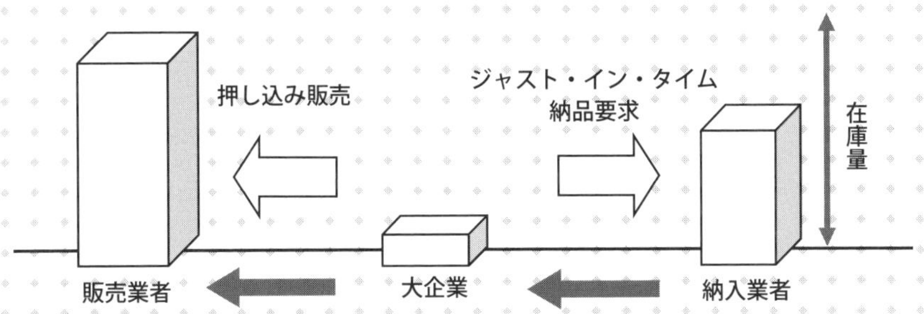

チェーンリーダーの大企業は低在庫なのにサプライチェーン全体では高在庫

さまざまな商品配送パターン

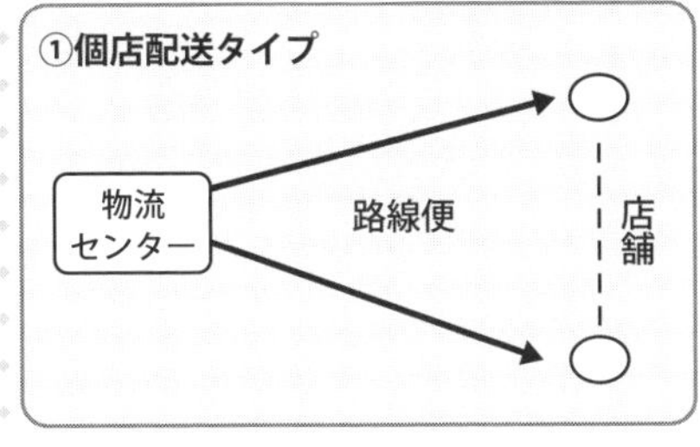

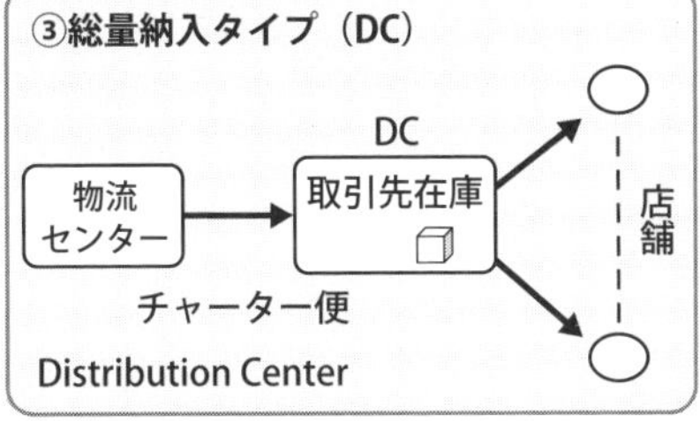

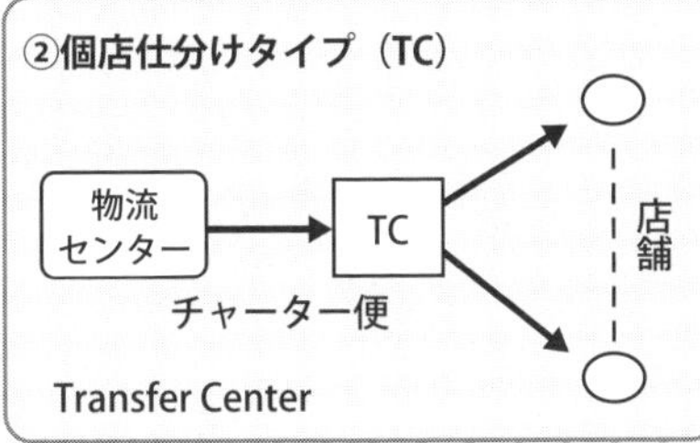

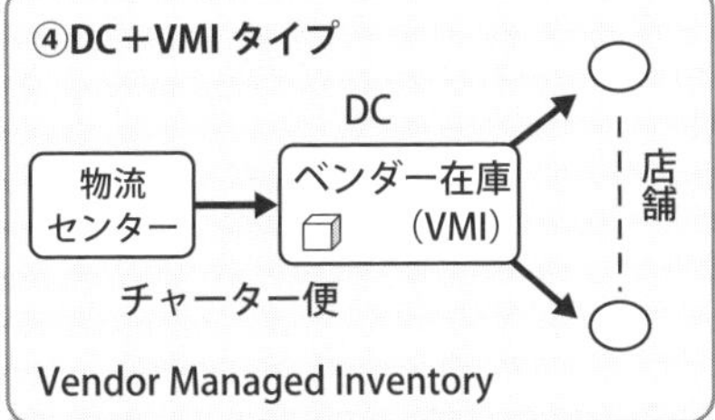

1-2 PSI計画がSCMを機能させる

さまざまなSCMの失敗事例を通じてSCMを機能させるためには、いきなりサプライチェーン全体の最適化を目指すのではなく、各企業がサプライチェーンの実態を意識した計画立案や業務運営を行うことが重要であることがわかってきました。それを支える計画が「PSI（生販在）計画」です。PSIは「Production」「Sales」「Inventory」の頭文字で、日本語では「生産」「販売」「在庫」を意味します。

ほとんどの製造業者は、生産計画で工場を動かしています。生産計画作成のベースに、営業部門が作成する販売計画や在庫計画を参考にしている工場もありますが、販売計画の精度が十分ではないことを理由に、工場が独自に生産計画をつくっている企業も多くあります。

ところが、地震や台風などの災害、コロナ禍や半導体不足などにより、生産計画変更に悩まされる工場が増えました。そのためサプライチェーン全体の情報をベースにした、PSI計画の統合管理が期待を集めるようになりました。

販売計画が当てにならない

工場がPSI計画策定を重視する背景のひとつに、工場が生産計画策定のために参考にしてきた販売計画の精度が落ちてきたことが挙げられます。なぜ、販売計画の精度が落ちてきたかに関しては第2章で紹介しますが、簡単に言えば営業活動を取り巻く環境が大きく変化したことが原因です。

最大の環境変化は、高度成長期から低成長時代に移ったことで製品が簡単には売れなくなったことです。

さらに、流通構造の変化や電子商取引の拡大により、営業や購買担当者の商取引への関与も縮小しました。営業担当者による販売計画達成努力も機能しなくなりました。かつては多くの営業部門が当たり前のように行ってきた、販売ノルマ（販売計画）達成のための取引先への押し込み販売も、今は簡単にできなくなりました。

結果的に販売計画の変更が頻発するようになり、連動する生産計画の変更も頻発するようになったのです。両者間に変更対応のための緩衝材となる「在

SCMが見直された

コロナ禍などにより商品供給が機能しにくくなった

↓

商品、部品、材料などの調達棄損が発生した

↓

部品や材料が入ってこないため生産休止になる工場が続出した

↓

情報が自社内の業務情報に偏っていて変動対応が弱かった

↓

外部変動に対応した生産計画、販売計画作成が必要になった

↓

上・下流のサプライチェーン情報を広く収集する動きが出てきた

↓

新しい観点での SCM 計画が求められるようになった

SCMとPSI計画

サプライチェーン（供給連鎖）

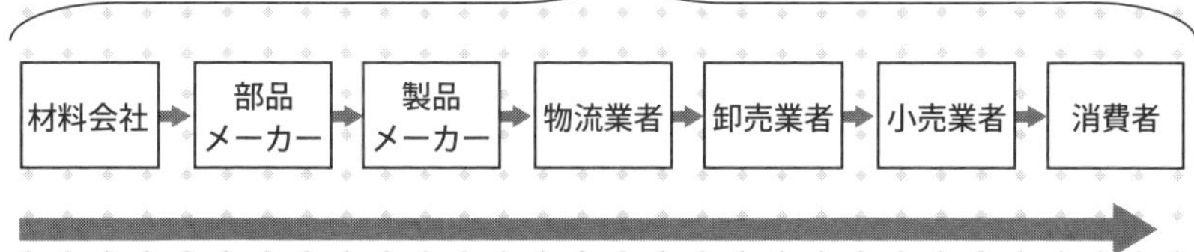

物品販売の流れ

サプライチェーン全体の計画を統合管理したい → 基本となるのが製品メーカの PSI 計画

庫」が十分にあれば、生産変動を抑制することができますが、トヨタ生産方式の影響で在庫を減らそうとした日本企業も多く、在庫による生産変動抑制効果が働かなくなってきています。

そうした企業を中心に、改めて販売・在庫・生産の計画を一体的に考える動きが広まってきています。

在庫管理の重要性が高まった

SCMの管理主体のひとつに、流通倉庫や流通業者にある製品（商品）在庫の情報があります。上記で在庫の重要性が高まってきたという話をしましたが、それは企業内だけにとどまりません。さまざまなメーカーが、自社の製品がサプライチェーン上のどこに在庫されているのかを、タイムリーにつかもうと努力するようになったのです。

近年は、各物品の供給や部材の調達がグローバルレベルで拡大しています。販路が海外にも拡大すると、国内だけの商品販売に比べて輸出入業者、販売業者、物流業者などさまざまな関連業者が物品の製品流通に関与することになります。こうした関連業者間の物品流通が、スムーズに流れれば問題ありません。しかし、実際にうまくいくケースは限られます。多くの物品の流通で業者間に停滞が生じて余分な在庫がたまったり、想定外の欠品が起きたりしているのです。

この現象が過度に増幅されるとブルウィップ効果（2-5項）が発生し、対象製品のサプライチェーン（供給連鎖）全体の需給変動現象を増幅することになります。世界的な大問題となった半導体不足はブルウィップ効果の典型です。

サプライチェーン上の在庫偏在を減らすためには、メーカーからの製品供給がスムーズに行われることが必要です。それを支えているのが、本書のテーマとなるPSI計画です。

サプライチェーン全体のPSI計画を、一元管理することが理想ではあります。しかし、現実にそれは難しいので簡単にはいきません。最低限の取り組みとして、製品メーカー内だけでも安定的かつ精度の高いPSI計画をつくり、業務運営に臨むべきでしょう。

本書ではそれを実現するために、各企業や各業務部門が何をすればいいかを整理しました。

PSI計画とは

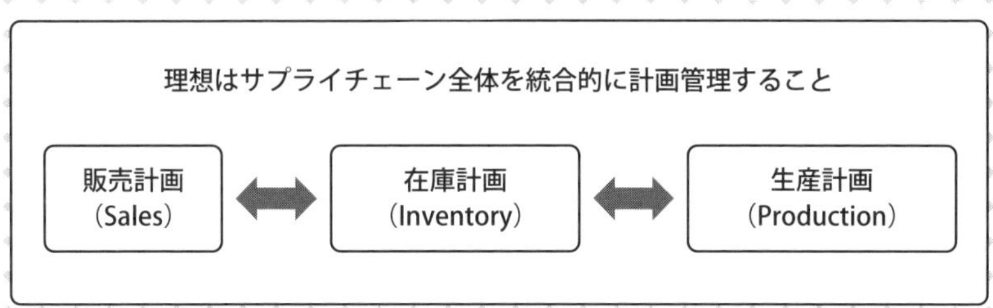

サプライチェーンの流れだと SIP だが、PSI 計画と呼んでいる

PSI計画強化の背景

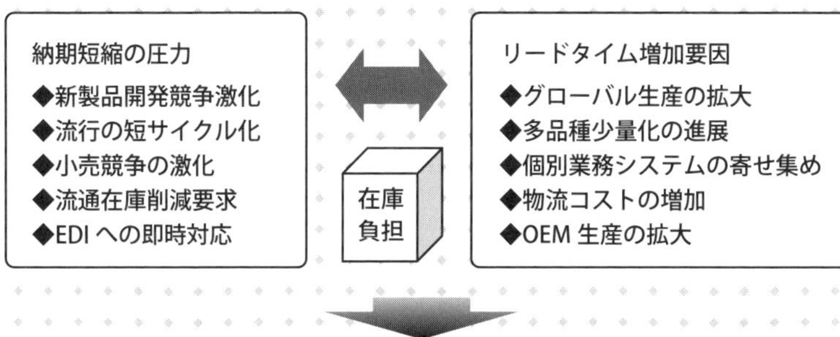

PSI 計画によりサプライチェーンの供給・在庫管理を強化する

1-3 PSIを構成する3つの計画

PSI計画の策定目的を一言で表すと、「サプライチェーン全体を通した効率的な供給体制の構築」になります。PSI計画によって、商品（製品）の供給計画を統合管理することで、ムダな業務作業や在庫の滞留を抑止します。

PSI計画の実行管理システムでは、サプライチェーン上のそれぞれの段階で収集したデータを用いて、計画に沿った実行ができているかを監視します。最終的にはPSI計画によって、自社および当該商品のサプライチェーンに関わっている関係企業の利益向上を目指します。

PSI計画には、「生産計画（P）」「販売計画（S）」「在庫計画（I）」の3つの計画構成要素があります。

生産計画（P）

生産計画では、どうやって効率良く製品（商品）を生産して供給するかを策定します。生産計画が機能しないと、企業は決められた納期通りに製品を供給することができません。そのため生産計画では、要求納期通りに納品することを重視した計画を作成します。製造資源には能力限界があるため、製造能力と生産量の調整がうまくいかないと納期遅れや欠品が生じたり、過剰な仕掛品在庫が発生したりします。

納期遅れや欠品は販売時の機会ロスを誘発する可能性があり、できるだけ避けたいです。ただし、欠品発生を恐れて在庫をつくり過ぎると、余分な資材購入費だけでなく、余分な在庫管理費用や製造費用、在庫生産のための先行資金負担などが発生し、十分な企業利益を稼げなくなる可能性があります。余分な在庫や損失の発生を防ぐためには、できる限り生産リードタイムを短縮して計画変動対応力を高めることが必要です。工場の生産平準化を実現してムダのない生産を実現することも求められます。具体的なアプローチに関しては、この後の章で細かく説明していきます。

販売計画（S）

販売計画は、計画数字の元となる販売予測の精度を高めて、生産計画に伝え

3つの計画が必要な理由

生産計画の目的

工場の生産能力を効果的に発揮させて効率良く生産する

◇要求納期通りに生産する

◇生産リードタイムを短くする

◇余分な在庫を削減する

◇過度な製造費用の発生を抑える

◇生産の平準化を実現する

販売計画の目的

販売予測の精度を高めて生産計画に反映させる

◇生産混乱による品切れ発生（機会損失）を防ぐ

◇営業部門のムダな費用支出を抑制する

◇取引先からの注文情報への対応力を高める

在庫計画の目的

余分な資金が在庫に投入されないようにする

◇販売計画と生産計画のギャップを明示する

◇必要となる在庫資金や在庫置き場を明らかにする

◇在庫の発生要因を特定する

◇各種在庫の引当処理が順調に機能するように保つ

る役割を担います。販売計画の精度が低いと工場の生産計画が混乱し、販売計画通りに商品販売することができなくなります。当該企業の商品販売において機会損失が発生する可能性もあります。営業部門が販売計画達成のためにマーケティング費用を投資しているような場合は、投資額が無駄金となって企業利益を損ねることにもつながります。

受注生産型企業の場合は、自社だけで販売計画を策定することは困難です。販売計画の精度向上よりも、取引先からの注文情報への対応力が重視されます。要求納期などの注文条件への適切な対応ができないと、取引先の事業運営に支障をきたす恐れがあり、継続的な取引を維持できなくなる可能性も心配されます。取引停止による売上減少は、企業利益確保に対する最も大きなリスクであり、取引停止にならないようにするためにも販売計画と生産計画には密接な計画連携が求められます。

在庫計画（1）

在庫は、販売活動と生産活動のスピードが異なることから生じます。在庫計画は独自に策定されるものではなく、販売計画と生産計画から導き出されます。在庫計画は、計画策定自体よりも、計画との差異（ギャップ）が発生した際の課題分析が重要です。

在庫には大きく4つの種類があります。第一の在庫が、「余剰在庫」もしくは「死蔵在庫」です。この在庫は販売部門や調達部門が、計画よりも売れると推測したことで発生します。声の大きい人物に引きずられた、というような非論理的な原因で発生することも多い在庫です。計画よりも在庫手配ルールの策定が重要です。PSI計画策定においては最も厄介な数値計画となります。

第二の在庫は「不良在庫」で、これは生産途中で不良品が発生し、残ってしまったことで生じるものです。PSI計画では、事前に不良発生率を定めることで対応します。品質管理問題を追及されるのを恐れて不良品の発生を隠し、仕掛品在庫として処理している工場現場もあります。

第三の在庫は「仕掛品在庫」です。製品の生産途中に存在する在庫です。商品物流の途中にある在庫も広義の仕掛品在庫です。

第四の在庫は「安全在庫」で、計画変動による欠品発生を抑制するために用意します。安全在庫には需要変動に対応するためのものと、納期遅れなどの生産変動に対応するものの2種類があります。

在庫の特徴

主な在庫の種類

◇製品在庫：工場生産が完了した完成物の在庫
◇部品在庫：製品を組み立てるのに用いる部品の在庫
◇原材料在庫：加工品の原材料の在庫

どんなタイプの在庫があるのか

◇死蔵在庫：売れ残ったり、設計変更で使わなくなったりした在庫
◇余剰在庫：必要以上に手配し過ぎた在庫
◇不良在庫：製造ミスなどで使えなくなった在庫
◇仕掛品在庫：製造途中にある製品などの在庫
◇安全在庫：欠品を防ぐために手配した緩衝（余裕）在庫

PSI計画の巧拙は在庫量の推移に出る

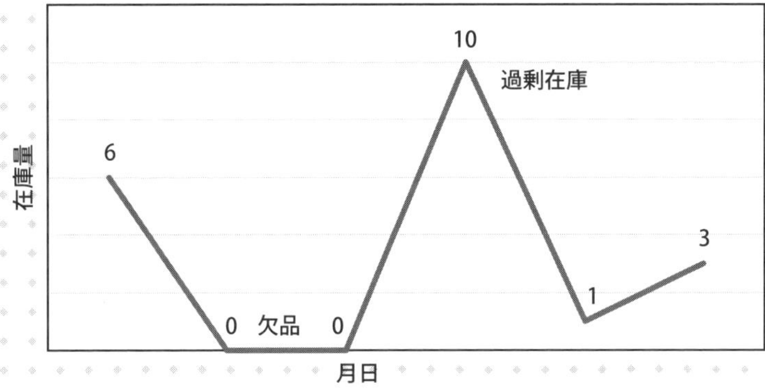

PSI 計画が機能していない企業は在庫量の推移が凸凹になる

1-4 計画と予測、予定、目標の違いに気をつけよう

PSI計画を立てるために、「計画」という言葉の整理が必要です。企業社会において、計画という言葉はよく使われます。ところが、計画とは何かが十分に理解されて使われているかと言えば疑問です。「計画」「予測」「予定」「目標」を区別せずに使っている企業も多いようです。また、計画が達成されなかったときに、誰が責任をとるかが曖昧な企業も見受けられます。

こうした問題を放置したままで、計画という言葉が独り歩きしている状態の企業が、いくらPSI計画を策定しても有効に機能させることは困難です。

計画とは、何らかの活動を実行していくための具体的な方法と手順を決めることです。計画を作成するためには、最初に将来に対する予測を行うことが必要です。予測された内容に対して、計画遂行者（組織、人物）が計画を遂行する旨の意思決定することで計画が決定されます。計画を変更する場合は、計画を決定した人物もしくは組織が自らの意思に基づいて変更します。

計画と予測

計画の元になるのが予測数字です。予測数字には、過去の実績数字などを統計的に処理して将来の数字を推計するものと、計画作成担当組織が集めたさまざまな情報を使って将来状況を推計した数字があります。最近はAIなどを用いて多様な因果関係を加味し、予測数字をつくる技術が進歩しています。

いずれの方法を使って推計した数字であっても、その数字だけでは計画とはなりません。あくまでも単なる予測数字です。この時点では予測精度、すなわち予測が当たるかどうかに対して誰も責任を持っていないからです。

この後に、計画責任者がこの予測数字で事業を動かす意思決定をすることで、予測数字は計画数字になります。組織が大きくなると、関係者が増えることもあって、誰が計画意思決定をするのかが曖昧になることがあります。事業が順調に推移しているときは問題ありませんが、計画通りに進まなくなると責任の押しつけ合いになりがちです。

計画が当てにならない

第一の計画数字 ➡ 予測数字 ➡ 数字に対する責任が曖昧になりやすい

第二の計画数字 ➡ 予定数字 ➡ 予定に過ぎないからと変更が多発しやすい

第三の計画数字 ➡ 目標数字 ➡ 実現が難しい数字が独り歩きしやすい

どの計画数字を信用すればいいのか不明確だと、
PSI 計画を提示しても利用されない

予測と計画の関係

予測では過去の数値データなどを統計処理して将来数字を導く

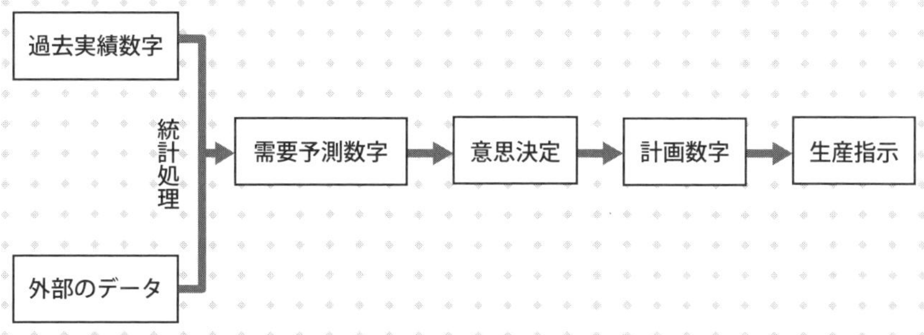

計画と予定

予定は、業務関係者に対して具体的に示した計画数字のことです。受注生産型企業の場合は取引先からの注文を受けて生産開始するため、本来は事前の予定がありません。ところが、確定注文は納期ぎりぎりまで出さず、生産計画や購入予定を内示情報として流す大手企業が存在します。下請生産する部品会社にとって、注文を受けてからの生産では納期対応が難しい場合は、予定に過ぎない内示情報を使って生産を開始するほかないのです。

流通業者では、内示情報という形で購入予定が示されることは少ないですが、発注計画という形で購入予定を通達している企業もあります。

これらの予定情報は予想情報と違い、購入先が提示する情報のため精度は高いはずです。したがって、取引先からの予定情報（内示情報）をそのまま生産計画情報として扱う企業も多いのですが、予定情報だからと平気で変更を繰り返す親会社も見られるため注意が必要です。こうした企業ほど、生産計画変動が大きくなる傾向があります。しかも計画責任の所在も曖昧になりやすく、部品会社の在庫対応や生産対応での混乱を誘発しがちです。

計画と目標

目標とは事業の達成ノルマのことを指します。営業部門では、売上予算という形で示されるのが普通です。工場内では工場全体の生産高、稼働率、仕掛品在庫量などで示されることが多いようです。各部門の効率化方針を使ってつくった部門目標数字の達成に、力を入れている工場も見られます。部門目標管理は、QCサークル活動などに注力する工場などで定着しています。

各部門の目標数字に対する達成度合いを重視している企業では、数値目標に引きずられて計画数字にバイアスがかかることがあります。目標数字と予測数字の差が大きいケースでは、実行途中で計画変更が起きる可能性もあります。

経済成長期の場合は、現場に対してあえて達成が難しい目標数字を示し、努力を促すことがありました。しかし、成長が鈍ったときにこうしたことを行うと、現場業務が混乱する事態に陥りがちです。

企業が計画数字をつくる際には、その数字は予測をベースにしているのか、予定をベースにしているのか、目標をベースにしているのかを整理する必要があります。また、誰が意思決定した数字なのかを明確にすることも重要です。

計画・予定・指示の関係

予定では計画数字を実務現場に具体的に示す

計画と目標（ノルマ）の関係

目標とは経営計画から作成されたノルマのことで、
計画実現の具体性は弱いこともある

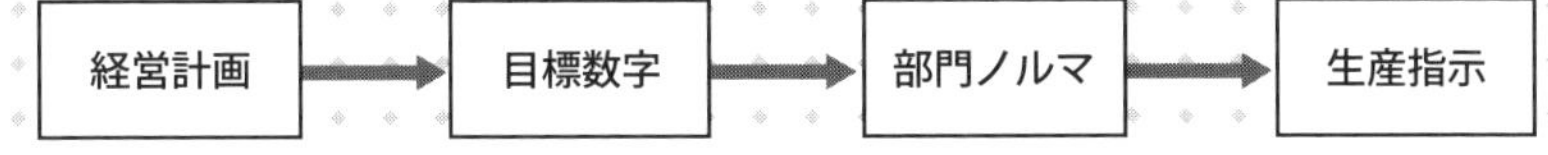

1-5 何のために企業はPSI計画をつくるのか

日本には、計画数字を現場の目標もしくは必達ノルマとしてとらえる企業も多いようですが、本来の計画の役割は必達ノルマの管理ではありません。本項では、企業における計画の役割に関して整理します。

企業における計画の最大の役割は、各業務遂行を担当する関係者に対して何をすべきかを周知することです。オーケストラで言えば生産管理部が指揮者、計画が楽譜に相当します。

家族経営の小企業では、社長の頭の中には誰が何をすればいいかが入っているため、各従業員への業務指示はそれほど難しくありません。しかし、各部門が業務を分担して実施するような企業規模になるとそうはいかないのです。

誰がいつ、何をすべきかを、誰かが関係者に対して具体的に示してあげないと、予定通りに業務は進みません。業務関係者に対して計画表に基づき、いつ、誰が、何をするかを示すことで、オーケストラ演奏のように調和のとれた製品供給業務活動が実現します。

ただし、現場にどこまでの計画情報を流すかは簡単には決められません。現場に余計な計画情報を流し過ぎると、現場が勝手に解釈して独自に動くことも心配されます。情報を流したために調和が乱れたのでは、何にもなりません。そのため組織の規模が大きい場合には、計画情報は管理者だけが把握し、現場には指示だけを流すということも考えられます。

業務が予定通りに進行しているか比較するために用いる

企業での計画の第二の役割は、現場の業務が予定通りに進んでいるかを統制する比較指標としての役割です。現場業務が予定通りに進むことは稀です。現場の運営や、業務上の課題のために予定通りに進まないこともよく起こります。社内要因だけでなく、部品納期遅れなどの外部要因や災害や感染症など外部環境の影響により、予定通りに進まないこともあります。

計画や予定に対して業務の実行結果が変化している場合は、実行の変化内容を細かく見てリカバリー対策を検討することが求められます。そのための実績数字との比較指標として使うのが、計画数字や予定数字です。最初から達成困

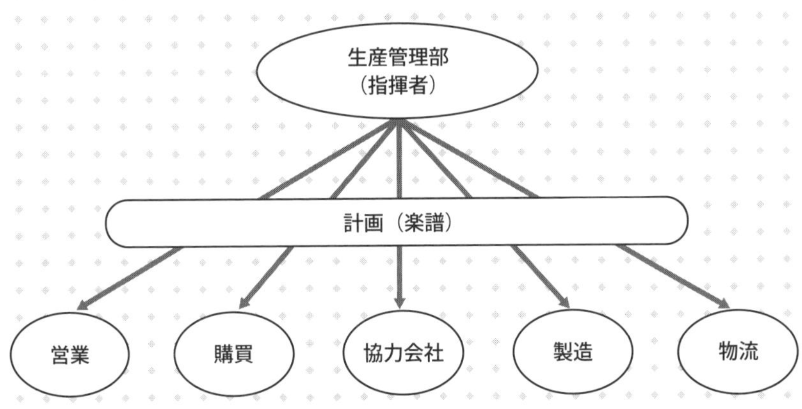
計画の提示はオーケストラの指揮に相当する
生産管理部
（指揮者）
計画（楽譜）
営業
購買
協力会社
製造
物流

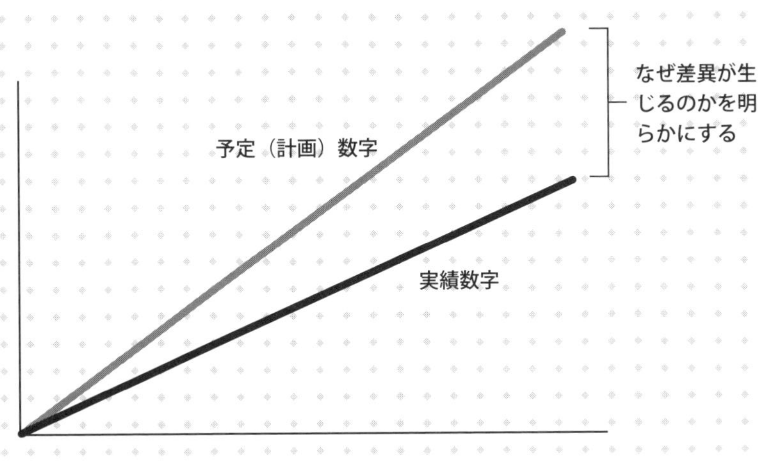
予定通りに製造できているかを確認する
予定（計画）数字
実績数字
なぜ差異が生
じるのかを明
らかにする

難な計画をつくってしまうと、業務統制に用いる比較資料としては役に立ちません。

対象業務に投入する経営資源を洗い出す

企業経営から見た計画の目的は、対象業務を遂行するために投入する必要のある経営資源を洗い出すことです。投入対象となる経営資源には、労務者（直接、間接）、製造設備（治具や金型）、部品や材料、外注協力会社などがあります。経営資源の投入がうまくいかないと、経営計画通りの企業運営はできません。

企業が経営資源を投入するには資金が必要です。経営資源計画は企業の資金計画とも連動します。資金が不足していると、いくら素晴らしい経営計画をつくっても実行することはできません。

業務の実行による経営効果を推定する

企業が当該業務を実行した場合に、企業経営においてどのような効果が起きるかをシミュレーションすることも、計画の大事な役割です。

企業にとって重要な経営効果は、企業売上の拡大と企業利益の増加です。計画の達成によって、両者が売上や利益がどう変化するのかを事前に見極めておくことも大切です。

売上拡大に関しては、生産量の増加という直接的な効果だけではなく、納期遵守率の向上などサービス面での改善効果による影響分析も必要です。これらのサービス改善数字に関する計画策定時は、サービス改善を利益に活かす営業部門にも積極的に関与してもらうことが欠かせません。

利益増加のための計画策定に当たっては、企業の利益はどうすれば増えるのかに対する正しい理解が前提となります。ところが、日本の製造業者や工場には企業利益の増加に向けて自分たちが何をすべきかを、体系的に正しく理解している経営者や関係者がほとんどいません。製造原価が下がるだけで利益が増える、という誤解をしている人も多いようです。

こうした誤解が浸透している製造業者の利益創出は一筋縄ではいかず、計画策定前に製造業の利益創出の基礎を勉強することは大変重要です。この問題に関しては次項で説明します。

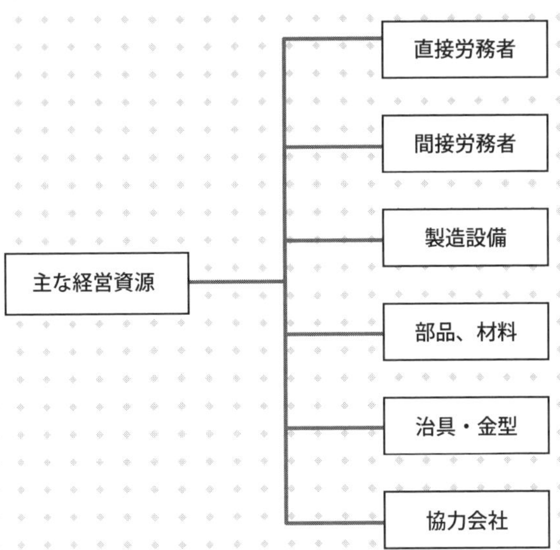
主な経営資源
主な経営資源
直接労務者
間接労務者
製造設備
部品、材料
治具・金型
協力会社

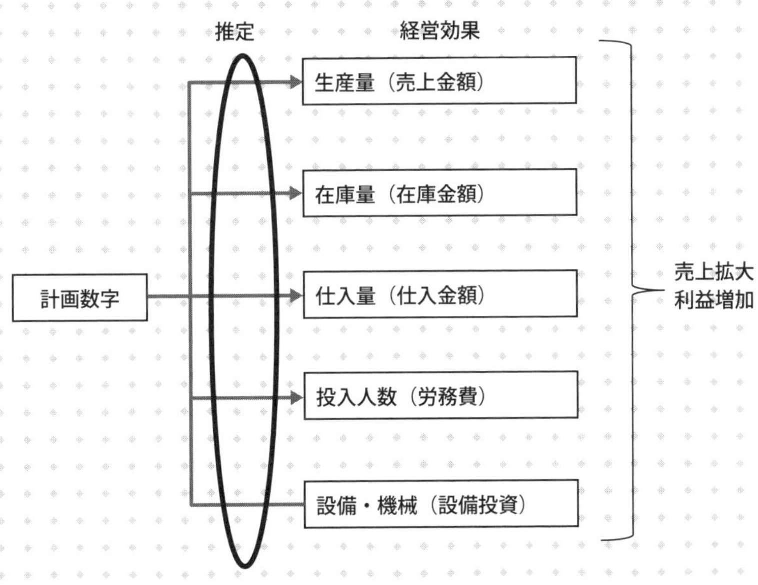
経営効果を推定する
推定
経営効果
計画数字
生産量（売上金額）
在庫量（在庫金額）
仕入量（仕入金額）
投入人数（労務費）
設備・機械（設備投資）
売上拡大
利益増加

1-6 PSI計画で企業利益を増やす

企業におけるPSI計画を策定する最大の目的は、企業利益を増やすことです。ところが、企業利益はどうすれば増やせるかについて、正しく理解している人はそう多くいません。そこで、本項では企業が利益創出できる道筋について簡単にまとめました。

原価至上主義者の幻想

日本のビジネス社会には、製品の製造原価が下がれば利益がついてくるという考え方にこだわっている人が多数います。筆者はこう考える人を「原価至上主義者」と呼んでいます。企業内に原価至上主義者がいると、かえって減益体質になることがあります。彼らは製品製造原価計算に固執することによって、製造現場の工数原価削減活動を過度に邁進しがちだからです。

企業がいくら個別製品の工数原価を小さくしたとしても、それだけでは利益は増えません。現場改善活動を強化して製造工数を減らしたとしても、固定経費である労務費や製造経費の削減にはつながらないからです。次ページの上図はその問題を示したものですが、製造現場での工数削減分は単価アップとして戻ってきます。

今まで工数原価削減活動が効果を上げてきたかのように思われたのは、経済成長とともに企業の売上高（生産高）が増加してきたことが主因です。売上の増加に伴って、多くの企業で利益も増えました。

ところが、現在のような低成長経済下で、売上は簡単には増えません。工数削減しても、利益が増えていかない状態が生じています。

どうすれば利益は増えるのか

それでは、どうすれば利益を増やすことができるでしょうか。

まずは企業の損益管理を、原価至上主義者が推進している「個別原価計算呪縛」から脱却させる必要があります。具体的には企業利益の考え方を、「直接原価計算」か「TOCスループット会計」による利益管理に全面的に改めることです。前者で言えば「限界利益」が「固定費」を超える、後者で言えば「ス

工数原価削減活動をしただけでは利益は増えない

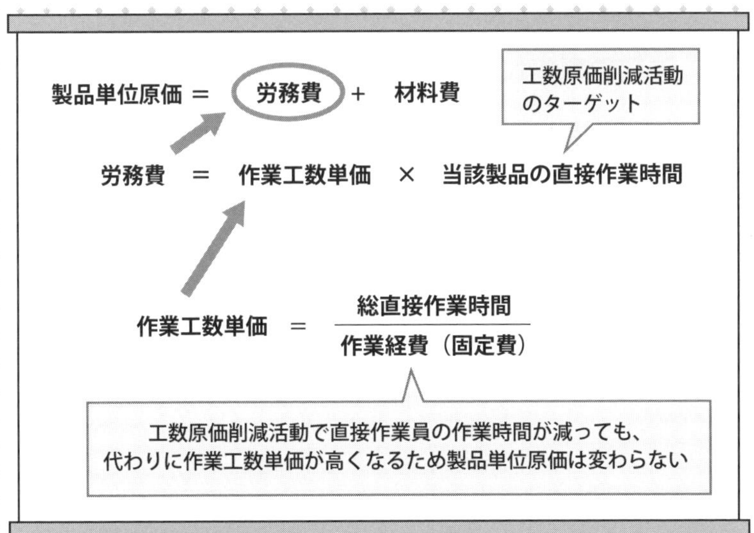

企業利益はTOCスループット会計の考え方に沿って創出する

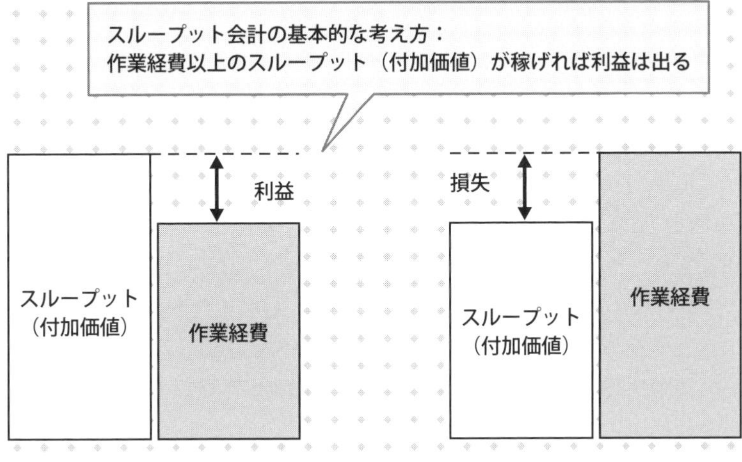

ループット」が「作業経費」を超えれば、企業利益は黒字状態になります。スループットは「付加価値」に言い換えても構いません。

企業内にこの考え方が浸透しないと、利益創出は容易に実現しません。以下に、スループット会計に基づいて利益創出するアプローチを紹介します。

①作業経費（固定費）を減らす

最もわかりやすい利益創出は、企業が固定的に支出している作業経費（固定費）を減らすことです。作業経費の代表が人件費と、工場の既存設備への投資額（減価償却費、光熱費など）です。工数原価削減活動をすると製品単位の作業経費が減るかのような錯覚を感じますが、原価削減活動だけでは固定費である会社の作業経費は減りません。作業経費を減らすには、工場閉鎖や人員削減などのリストラが必要です。

リストラは利益改善対策として即効性はあるものの、生産能力が減ってしまう弊害を伴います。リストラしたまではいいものの、生産能力不足で生産量が減ったのでは利益につながらないわけです。

②外注費を削減する

外注製造への依存度が高い工場では、内製化を推進して外注会社に流出している費用を減らします。部品代や材料費を除いた内製化した分の製造費用がそのままスループット（付加価値）、さらには利益になるため、利益改善策としてはリストラよりも即効性が高いです。

企業内に、自社でつくるよりも外注会社や海外企業でつくった方が安いとの考え方が浸透していると、内製化推進の障害になりやすいので注意しましょう。

③売上を増やす

企業利益創出の王道が、売上を増やすことを通じてスループットを増やすことです。工場の立場で言えば生産量の拡大ですが、スループット拡大観点から見ると、同じ生産量で高く売るという選択肢もあります。売上拡大は利益創出の王道ですが、近年は経済成長が鈍化しているので簡単にはいかなくなってきています。

売上拡大のためには価格を安くしたり、製品の競争力を高めたりするだけではなく、短納期対応や納期遵守率の向上など差別化を極めることも大切です。

作業経費削減、内製化促進、売上（生産量）の拡大、いずれのアプローチにおいても工場の生産の能力が不足していると実現することはできません。そこで、限られた生産能力を活かすための生産計画の策定が重要となります。

スループットとは

スループットとは製品の売上高から資材費、外注費などの外部購入費を引いたも
付加価値とほぼ同じ意味になる

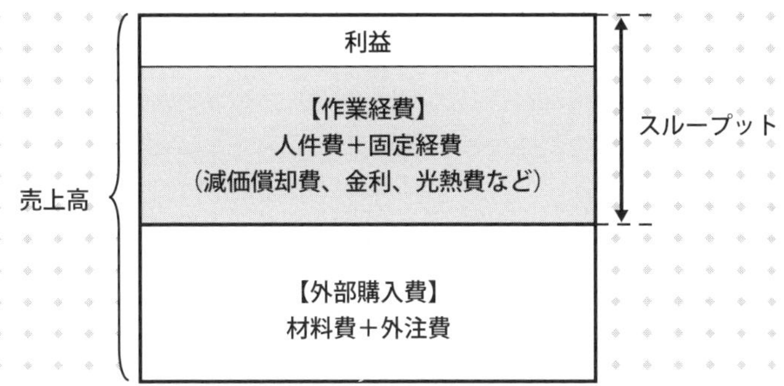

利益を生み出すアプローチ

売上拡大か外注費、作業経費を削減する

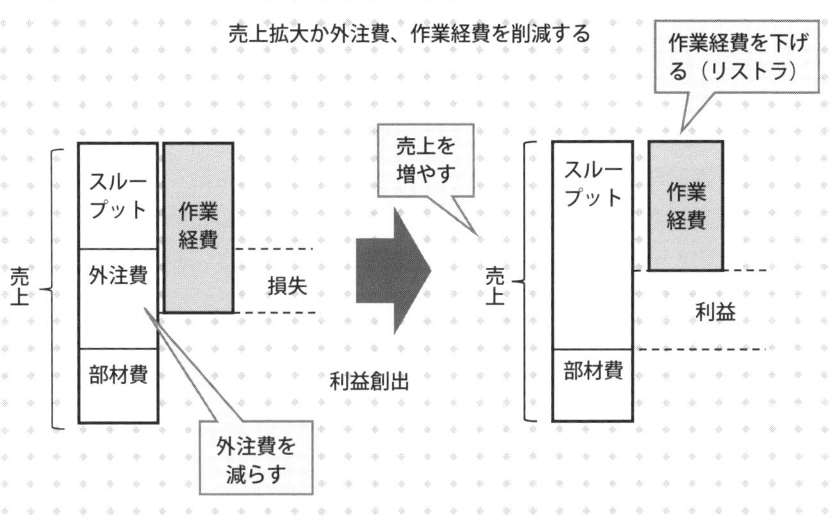

1-7 在庫を増やすだけでも利益は増える

PSI計画による利益創出を考える上では、在庫の増減と企業会計の関係性も理解しておかなければなりません。在庫の増減が企業のキャッシュ（資金）に影響することは知られていますが、企業利益にも影響を与えることを知らない人は多いようです。本項では、この問題について整理します。

在庫と資金の関係

部品、材料、仕入品などの在庫品を外部から仕入れるときは、仕入先に対して仕入費用を支払うことが必要です。仕入れた在庫品が商品になって売れれば、仕入先業者から購入するのに使った仕入費用資金は回収されるため問題はありません。

もしも、仕入品が在庫として残ってしまうと、仕入費用資金の回収ができなくなります。最悪の場合は手元資金不足で倒産する可能性も否定できません。また、在庫資金を金融機関などから借りている場合は、借入金利の支払いや借入金の返済が発生します。在庫資金にはこうした問題があるため、企業経営者や企業の経理部門は在庫をできるだけ減らしたいと考えます。

ただし現在の日本の大企業は、金融緩和や内部留保重視などの影響で資金を豊富に持っています。金融機関の貸出金利も低い状態が続いていて、海外の企業ほど資金調達には困っていません。本来であれば必要以上に在庫削減に取り組まなくてもよいのですが、「在庫は悪」という考え方が染みついる企業も多く、工場現場に必要以上に在庫削減を強く求める経営者も多数いるほどです。これでは、PSI計画が機能しないのも仕方がありません。

在庫経費の問題

在庫が増えてくると、新たに倉庫を持つなどにより倉庫経費負担などが発生します。また。陳腐化した在庫品の手直しコストや廃棄コストなどが増えることもあります。

こうした在庫経費負担が増えると、利益が減少することに直結します。この問題も、経営者が在庫を増やすことを躊躇する要因に挙げられます。

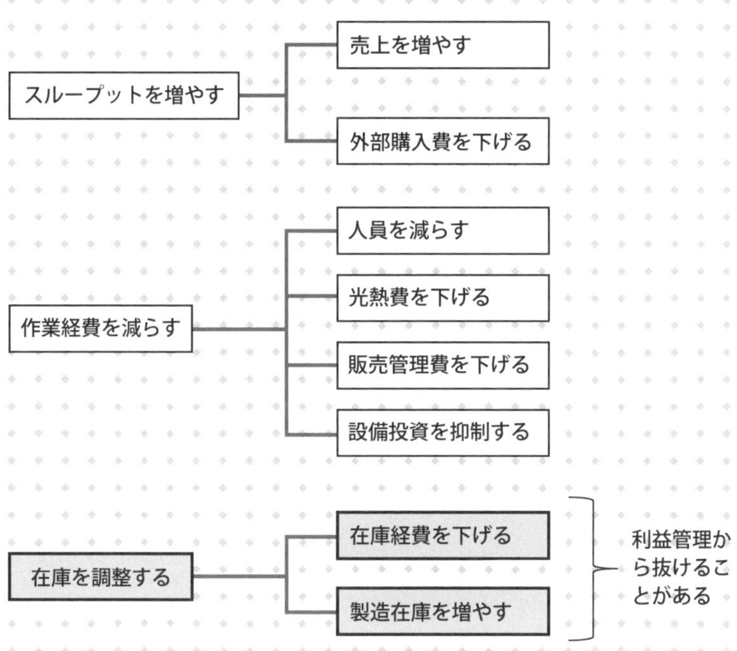
利益を増やす方法
スループットを増やす
売上を増やす
外部購入費を下げる
作業経費を減らす
人員を減らす
光熱費を下げる
販売管理費を下げる
設備投資を抑制する
在庫を調整する
在庫経費を下げる
製造在庫を増やす
利益管理から抜けることがある

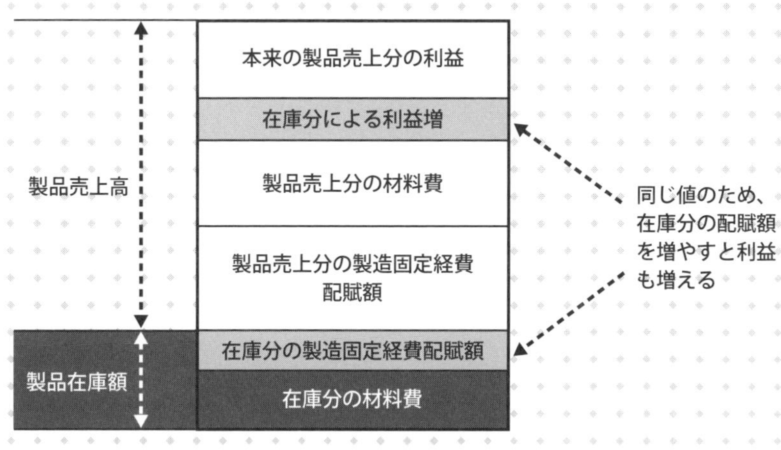
在庫増減による利益変動
製品売上高
製品在庫額
本来の製品売上分の利益
在庫分による利益増
製品売上分の材料費
製品売上分の製造固定経費配賦額
在庫分の製造固定経費配賦額
在庫分の材料費
同じ値のため、在庫分の配賦額を増やすと利益も増える

在庫の増減によって利益が変化する

外部仕入在庫が増えると仕入原価が変動することがあり、このことも問題になる場合があります。この変動は、当該企業の仕入品に対する在庫評価計算を、どのような形で行っているかによって変わってきます。先入れ先出し法、最終仕入れ原価法、低価法などの仕入原価計算を採用している企業では、仕入価格が大きく変動した場合に在庫評価金額が変化します。

工場では材料価格の変動に対する注意が必要ですが、仕入価格はほとんど変動しない、もしくは仕入原価は毎回の仕入価格から個別計算しているという場合は、在庫の影響はほとんど生じません。

工場でさらに気をつける必要があるのが、在庫の増減による製造原価への影響です。財務計算上の製造原価は、材料費と製造費用に分かれます。製造費用の中心は、人件費や設備費用などの製造固定経費です。

製造固定経費は工場全体では一定です。ただし、在庫金額の算定に使う製造原価計算式では、固定経費を計上期に製造した製品の売上分や在庫分に分配（配賦）して、製造原価を計上します。

期末在庫が増えると、在庫品への製造固定経費配賦額が増えることになり、製造して売った売上品への固定経費配賦額は減ることになります。売上高への経費配賦額が減るということは、製造原価が小さくなることを意味します（実際の原価計算では製造チャージ単価が小さくなります）。

製品原価は売上から部品・材料原価と製造原価を引いて算出するため、製造原価が小さくなることは製品利益が増えることを意味します。すなわち、在庫が増えると利益が増えるという形になります。

逆に、在庫を減らすと固定経費の在庫配賦額は減るため、売上品への配賦額が大きくなり、製品原価は上がって利益も減ってしまいます。

この話は、売れるか売れないかにかかわらず、フル稼働状態でたくさんつくればそれだけで儲かることを表しています。この問題は、実際の在庫量が増減していなくても、在庫金額を操作することだけでも発生します。これを悪用したのが、不正会計もしくは粉飾決算です。東芝の不正会計事件でも注目されましたが、古典的な粉飾決算手口のひとつです。

期末在庫を増やすと利益が増える

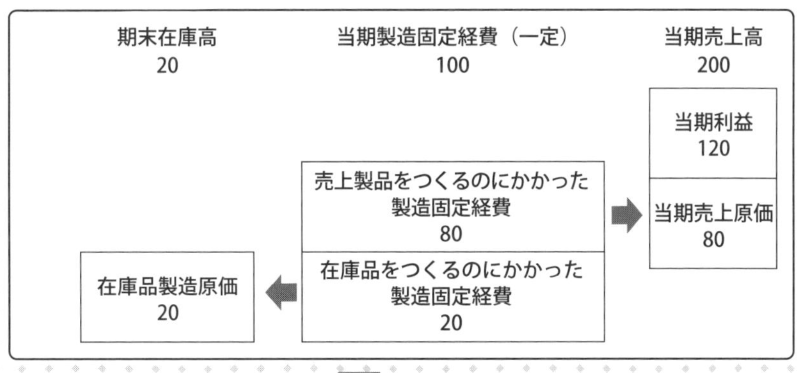

期末在庫高を 20 増やすと利益も 20 増える

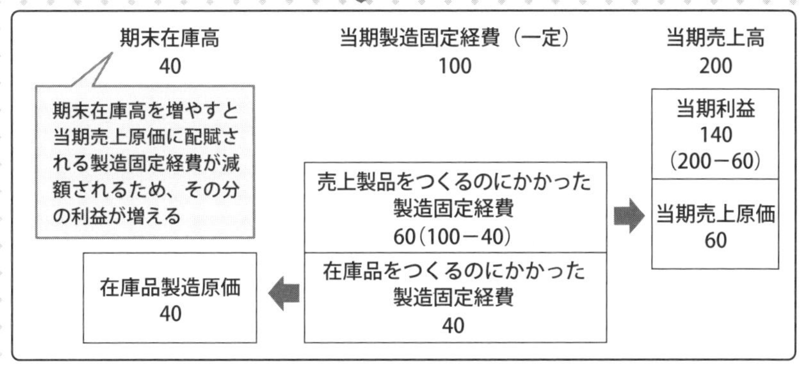

在庫操作による利益創出の注意点

- ◇期末に向けて生産量を増やして在庫を積み上げる ➡ 資金不足になりやすい
- ◇期末に在庫金額を増やす ➡ 粉飾決算（不正会計）と見なされる
- ◇一度、在庫を増やすと次の期に減らせない ➡ 自転車操業を余儀なくされる

1-8 ERPを入れただけではPSI計画はつくれない

ERPとは何か

PSI計画が重視されてきたのには、ERPというシステムパッケージが普及したことも影響しています。

ERPとはEnterprise Resource Planningの略で、日本語では「統合業務管理パッケージシステム」と呼ばれています。1990年代に欧米のシステム業者が開発した業務管理パッケージシステムの総称です。その代表がドイツのSAP社製ERPパッケージですが、日本のITベンダーからも多数の商品が販売されています。

従来の業務管理システムは、「会計管理システム」「販売（在庫）管理システム」「生産・購買管理システム」などの業務管理領域のシステムに分けて、個別開発されるのが一般的でした。各業務システム間を業務データが定期的にバッチ転送されることで業務が処理されました。

ERPパッケージでは、全体の業務データが1つのデータベースに統合されており、ほぼリアルタイムで業務データや会計データのやり取りや参照ができる特徴を持っています。このことが、企業経営に必要な会計数字をタイムリーに利用した経営計画の立案や、経営を行いたいという企業経営者のニーズにマッチしたことで、欧米の大企業を中心にERPパッケージを利用する企業が増えました。米国の企業経営はMBA出身者などのプロの経営者が担うケースが多く、ほぼリアルタイムで経営データを可視化できるERPパッケージは企業経営の必須システム基盤として重宝されたのです。

ただし、統合業務管理システムであっても、それぞれの業務部門が独立して運営する縦割り型の企業運用をする企業では導入効果が限られます。日本企業の経営体制は縦割り指向が強く、同じERPパッケージを使っている企業でも、営業部門、工場部門、購買部門、会計部門それぞれが個別に業務管理しているのが普通です。会計データを常時監視している経営者も少ないので、本来のERPシステムとして活用している企業は限られます（筆者はそうした本来のERP利用企業に出会った経験はありません）。

日本企業の場合はERPとしてのニーズよりも、それまでの自社開発でスパ

ERPは何者？

ERP は統合データベースを中核に４つの業務管理機能を実装したパッケージソフト

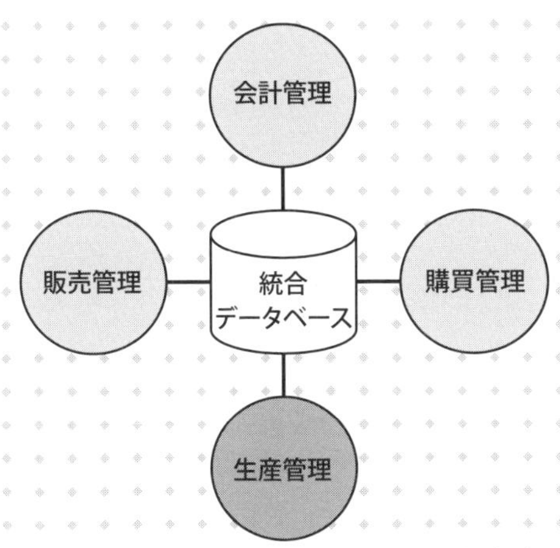

ERPの登場と期待（海外の場合）

経営学を教えるビジネススクールが増えた

↓

ビジネススクール出身のプロ経営者が経営するようになった

↓

会計数字を中心とする経営数字管理ニーズが高まった

↓

統合管理データベースを用いた ERP が登場した

↓

ERP を用いた企業経営スタイルが定着した

↓

ERP のベースである MRP による計画生産が普及した

↓

SCM による生産計画の精度向上が必要とされるようになった

ゲッティ状態となったソフト資産を整理する目的で、ERPパッケージを導入することが多いようです。ERPパッケージには標準的な業務管理機能が最初から搭載されており、それを使うと新たに業務管理システムを設計・開発する必要がないというのが謳い文句でした。

旧システムがサポート切れになるなどした企業で、慌ててERPパッケージをそのまま導入しようとする事態が相次ぎました。しかし、そのままというのは幻想に過ぎず、導入時の準備不足により大量にカスタマイズして運用する、もしくは属人的なExcel運用でごまかしている企業が大半です。ERPパッケージを導入したことで、非効率になったと嘆く企業関係者は多数存在します。

ERPは計画を前提にしている

ERPパッケージの生産管理モジュールは、MRP（Material Requirements Planning：資材所要量計画）という汎用製品工場向けの生産計画ロジックをベースにしています（5-2項）。これは、ERPパッケージが欧米の汎用製品を生産する大企業の利用から広まったせいではないか、と考えられます。

MRPの特徴は、製造部門が必要なときに、必要な部品を計画的に調達することです。考え方は、トヨタ生産方式（TPS）で使われるジャスト・イン・タイム（JIT）と同じです。MRPでは、工場の基本となる製品生産計画をベースに、構成部品の調達計画をつくります。MRPでは製品生産計画のことをMPS（Master Production Schedule：基準生産計画）と呼びますが、MPSを使って効率的な部品調達と生産を実現するのがMRPの基本アプローチです。

MPSの計画数字が大きく変動すると、工場や協力会社は効率的な生産が行えません。部品在庫や仕掛品在庫が欠品し、生産がストップすることもあります。そのため、MRPをベースにしているERP生産管理システムでは、MPSの計画精度を高めることが重視されます。

最近になって、SCMが注目されてきた背景にもこの問題があります。ERPパッケージの利用が広がるにつれ、工場がMPS策定のための精度の高い販売計画やSCM計画を要求するようになりました。ERPパッケージベンダーも、「ERPによる経営効果を高めるためにはSCMが重要」と言い出しています。

企業がSCM情報の精度を高めるためには、工場のみならず営業部門や代理店などの流通業者の協力が必要です。それを支える仕組みのひとつが、本書のテーマであるサプライチェーンを俯瞰するPSI計画です。

ERPの登場と期待（日本の場合）

社内に個別開発の業務情報システムがあふれた

↓

ソフト資産がスパゲッティ状態になる企業が続出した

↓

情報システムのメンテナンスができない企業も出てきた

↓

ベンダーが ERP に業務を合わせるアプローチを提案してきた

↓

基幹業務システムを ERP に置き換える企業が続出した

↓

日本には経営学や企業会計に精通した企業経営者は少ない

↓

ERP として企業経営に使っている日本企業は限られる

ERP利用の課題

ERP は業務が標準化された計画生産企業の利用に適している

↓

日本企業は受注生産企業が中心で計画変動が激しい

↓

海外に比べて商慣習が複雑で、標準化しにくい業務が多い

↓

ERP パッケージに業務を合わせることは難しかった

↓

大幅カスタマイズや Excel 補完で対応している企業が大半である

↓

ERP 導入で現場業務が複雑化し、統制がとれなくなった

↓

生産混乱、納期遅延、余剰在庫などに悩まされる企業も出てきた

1-9 S&OPとPSI計画

MRPⅡとS&OP

前項でMRP（資材所要量計画）を機能させるには、MPS（基準生産計画）やそれを支える販売計画の精度を高めることが必要と説明しました。この問題は、ERPパッケージが出てきた1990年代だけではなく、MRP生産管理システムが定着した1970年代においてもMRPの課題として挙がっていました。

欧米で、それを解決するためのアプローチとして広まった考え方がMRPⅡ（Manufacturing Resource PlanningⅡ：製造資源計画）です。同じMRPという言葉を使っていますが、MRPのようなロジックではありません。MRPⅡは、MRPの弱点だった工場全体の統合管理を意味しています。MRPⅡの工場統合管理が企業全体の統合管理を意味するERPに発展した、と言われています。

MRPⅡの基本概念のひとつにS&OP（Sales Operation Plan：販売・操業計画）があります。S&OPとは、MPSの精度を高めるためにつくる上位計画のことです。営業部門と製造部門が協力して作成し、企業の業務活動を統合的に司る基本計画となります。

S&OPの具体的な内容は企業によって異なりますが、基本はどの商品をいつ、どの程度用意するかです。営業はS&OPを受けて、商品をどうやって販売するかを定める販売計画を作成します。

工場はS&OPをベースにMPSをつくり、工場の生産活動をコントロールします。筆者が接した外資系企業では、S&OPによる計画数字をそのまま協力部品会社に流し、生産準備に利用してもらっているところもありました。ERPは企業全体の業務計画を統合管理するため、それを支える計画としてS&OPを使う流れが定着したのです。

ATPで調整する

S&OPで計画精度を高めても、実際の販売活動が計画通りに動くとは限りません。計画と実際の販売活動の差を調整する機能として、ATP（Available To Promise：販売可能数）という仕組みがあります。ATPでは、MPS（基準生産計画）に対して販売予約を入れることで、計画と実績のバランスをとります。

ERPはMRPから進化してでき上がった

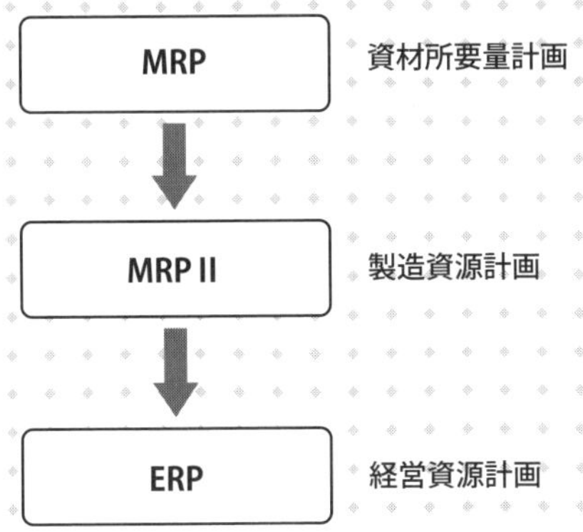

ERPパッケージの生産管理ロジックは、ルーツの影響でMRPを採用していることが多い

MRP IIの体系図

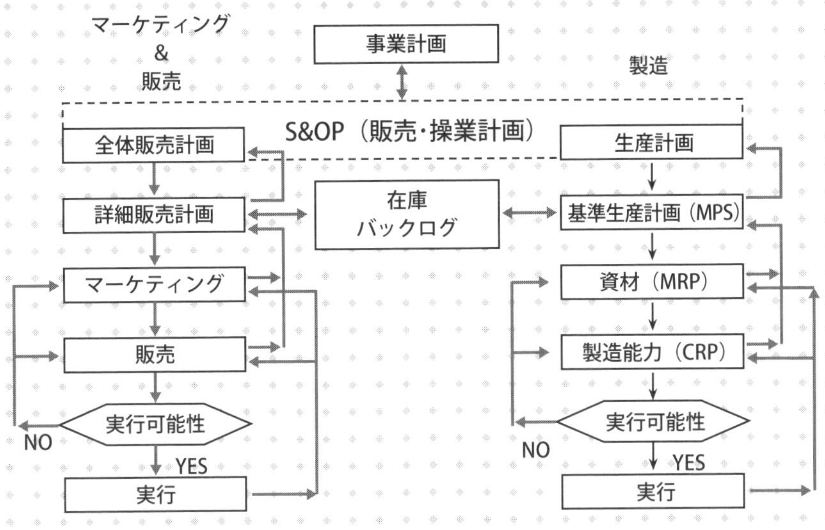

MPS（Master Production Scheduling：基準生産計画）
CRP（Capacity Requirements Planning　能力所要量計画）
S&OP（Sales Operation Plan 販売・操業計画）

「OrchestratingSuccess」より引用（翻訳）

S&OPやATPは欧米企業を中心に広く使われていますが、販売計画や生産計画の精度を高く維持できることが前提となります。

現実には、どちらの計画も精度の高い状態で、そのまま実行されることはあまりありません。ATPで調整すると言っても、すべてうまくいくとは限りません。ATPを使うことである程度の変動調整は可能ですが、それでも販売調整を基本とするATPでは生産変動の調整までは困難です。

販売計画と生産計画のずれを、調整する役割を担っているのが実物在庫です。在庫がS&OPやATPの弱点を補完します。そのためもあって、S&OP（販売計画と生産計画）に加えて在庫計画も統合管理するPSI計画が期待を集めるようになりました。

サプライチェーンで考えると、遠隔地の販売拠点や流通業者にはATPではなく、あらかじめ実物在庫を置いておく必要が出てきます。在庫計画も含めたサプライチェーンのPSI計画による調整が、ますます重要とされるようになりました。

生産・販売会議とはどこが違うのか

日本企業にS&OPの話をすると、自社でも営業部門と工場の間で定期的に調整会議を開いている、と言われることがよくあります。筆者がかつて勤めていたエレクトロニクスメーカーでも、営業部門の代表と工場部門の代表が定期的に集まり、生産・販売会議（製販会議）を開催していました。

こうした生産・販売会議とS&OPの違いですが、日本企業での会議は個々の製品数量よりも、金額目標前提（売上金額や在庫金額）で話すことが多いようです。その方が経営者にはわかりやすいからです。営業部門も売上目標金額さえクリアできれば、自分たちの役割は十分だと考えがちです。しかし、目標金額だけでは工場の生産計画立案は難しいのです。最終的には何をいくつ、いつつくればいいかまで落とし込めなければ、構成部品の調達計画や社内工程の製造計画をつくることは困難だからです。

生産、販売計画は部門目標数字（ノルマ）に左右されやすいという問題も持っています。営業部門にとっては、ここで大きな目標数字を挙げると、ノルマが増える可能性があるため抑えるからです。逆に、無理な目標数字を掲げる営業部門もいます。工場はこれらの数字をそのまま信用して生産手配すると、混乱の山となることが多いようです。

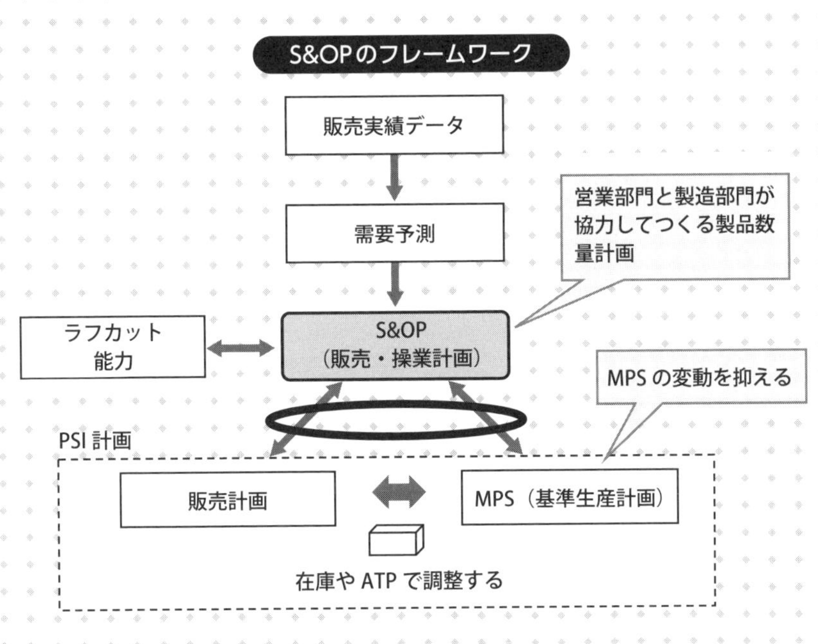

販売可能数の計算は

ATP＝在庫＋生産計画数－受注引当数

期間	現在	1週間後	2週間後	3週間後	4週間後	5週間後
生産計画数（MPS）	100	20	30	30	30	30
受注引当数（予約数）	95	15	30	25	30	10
販売可能数（ATP）	5	10	10	15	15	35

在庫　　ATP

ATPを使うことで在庫がない段階でも納期調整や引当ができる

column

日本の賃上げは定着するのか

2022年の日本経済は「賃上げ」が大きなテーマです。上場企業を中心に賃上げする企業が相次いでいます。企業が賃上げするには、企業が稼ぐ付加価値（スループット）を増やすことが重要です。コロナ禍がほぼ収まり、サービス業を中心に売上（付加価値）が増えた企業が続出しました。これらの高収益企業を主体に、大幅賃上げに取り組んでいます。

製造業者の大半は、賃上げの原資となる付加価値増加が十分ではありません。国内外の景気回復が遅れている上に、原材料価格やエネルギーコストの上昇で付加価値（利益）の先行きに不安を感じている人もいます。本心ではまだ賃上げしたくない、と考える製造業経営者が大半ではないでしょうか。それでも賃上げしないと人手が集まらず、渋々賃上げする工場が増えています。

収益の裏づけのない賃上げが、今後も続くかはわかりません。部品会社が大企業に賃上げ分を価格転嫁したいと申し出ても、現場改善努力で吸収してほしいと言われ、値上げを断られる現象も起きています。仕方なく利益を削って賃上げする工場も見られます。賃上げの遠因にある人手不足は、製造・物流現場で顕著です。慢性的な人手不足にあるブルーカラーの賃上げは避けられない一方で、余剰気味のホワイトカラーの賃上げが続くは不透明です。リストラが本格化する懸念も残されたままです。

販売計画を過信してはいけない

PSI計画の原点になる販売計画に関する時代の変化に切り込みます。かつての日本のような高度経済成長下では、販売計画通りの事業運営はそれほど難しいものではありませんでした。川の流れに流されるように立てられた強気の販売計画であっても、比較的容易に達成できました。ところが経済成長が止まり、販売の流れが淀むようになるとそうはいきません。今まで急流で育ってきた営業部門だけでは、精度の高い販売計画を作成し、遵守することが難しくなりました。販売計画も工場で立てた方が精度が高く、遵守の容易な計画をつくることができる企業が増えているようです。

2-1 PSI計画の変更多発に困っている

計画を軽視する日本の風土

日本社会には計画を軽視する風土が強く残っています。企業関係者からは結果がすべてであり、計画精度どころではないと言われることもあります。杜撰な計画のために、実行が計画通りにうまくいかなくても、計画責任者が責任を取らされるようなこともあまりありません。

日本社会では、責任を取らされるのは計画をつくった人間ではなく、計画目標を実行できなかった現場責任者や現場担当者です。たとえば先の太平洋戦争でも、前線に行かずに作戦計画だけをつくっていた参謀は罰せられませんでした。こうした末端に責任を押しつける状態が続く限り、企業の計画軽視の姿勢は変わりにくいです。

企業風土のみならず、企業経営の本に出てくる経営マネジメントサイクル（PDS：Plan Do See）や品質マネジメントサイクル（PDCA：Plan Do Check Act）の記述も、企業関係者に計画の位置づけを誤解させる要因になっています。PDSもPDCAも、マネジメントサイクルという名前が示すように、サイクル（ループ）で動きます。PDSで言えばPの前にSが、PDCAであればCとAがあります。次ページ上図に示しましたが、通常はP（計画）からスタートするかのように誤解されやすく、フィードバック情報でP（計画）をつくることの重要性がはっきりしなくなります。「とりあえず計画をつくっておいて、後で修整すればいいや」という考え方に陥ることも考えられます。

注文が変更する

日本企業で計画変動が激しい理由のひとつには、日本企業の多くが計画生産型ではなく受注生産型であることも影響しています。計画生産型は自社で販売量や生産量を決めます。受注生産型は取引先の注文に応じて生産します。普通に考えると、後者は注文が確定しているため変更は少ないように思われます。欧米のような契約社会ではそれが自然な理解です。

ところが、日本の企業社会では必ずしもそうとは言えません。注文済だからと言って、取引先が注文内容を変更してこないとは限らないのです。継続発注

マネジメントサイクルの構造

経営マネジメントサイクル　　**品質マネジメントサイクル**

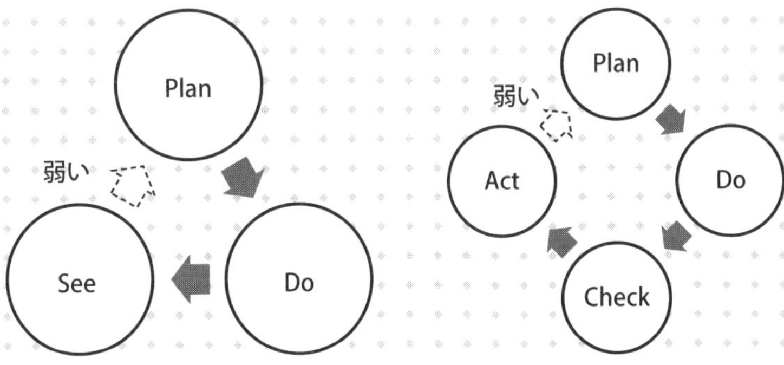

どちらの管理サイクルもPlanへのフィードバックが軽視されやすい

日本では受注生産型で生産する工場が多数派

◇取引先からの注文を受けて設計・製造する
（造船、プラント、専用機械、金型）

◇取引先からの注文により繰り返し製品を製造する
（部品会社、特殊産業機械）

◇あらかじめ部品を用意しておき、注文に応じて組み立てて納品する
（工作機械）

◇取引先からの注文により準標準品を生産する
（OEM品、PB（プライベート・ブランド）製品の製造）

◇取引先からの注文により製造役務（サービス）を提供する
（物流加工、工程外注）

受注生産型工場の生産は取引先からの注文でつくるため、
事前に販売計画や生産計画を立案するのが難しい

先としての優越的な立場を使って、受注先企業に対して変更要求を乱発する会社も多数存在します。特に大企業の経営者や購買部門に、下請会社を下に見る傾向が残っており、平気で変更要求や短納期対応を押しつけてくることがあります。こうした理不尽な取引先を相手している工場では、受注生産だからと言って安定的に生産することは困難です。常に生産計画変更対応に追われている生産管理部門や製造現場も数多くあります。

計画生産型工場の場合も、製品在庫補充をベースにした計画手配体制が構築できていれば、安定的な生産を実行することが可能です。ところが、計画生産工場が製品在庫を減らし過ぎると、そうはうまくいきません。在庫の過不足に応じて、生産計画変更が多発するようになるのです。日本企業にはトヨタ生産方式の影響により、在庫は悪だからできるだけ減らすべきとの考えが広く浸透しています。その結果、製品在庫を減らし過ぎることで計画変動の制御が難しくなり、せっかくの計画生産の利点を活かすことができなくなっている工場も少なくないのです。

現場調整で対応してきた

日本の多くの工場は、計画変動を現場の調整力でカバーしてきました。高度成長期に製造現場や外注会社に配属された優秀な熟練工が、臨機応変な製造対応をしてくれたので、少しくらい計画変動が起きても現場判断で調整することができました。納期遅れを起こすことなどほとんどありませんでした。

しかし、このことが企業経営者や親会社の計画変動への甘えを誘発したとも考えられます。少しくらいおかしな計画でも、「現場が何とかしてくれるはず」と考えている生産管理担当者は多数います。

さらに世の中がある程度成長している状況であれば、大量の生産指示や購入指示を出しても、在庫過多という責任問題に発展することもほとんどありませんでした。

しかし、現在の日本のビジネス環境ではそうとは言えません。現場の熟練工は次々と定年退職し、製造現場で働いているのは派遣社員、外国人技能実習生、パート社員だけの工場も多いです。臨機応変な現場調整などは難しく、生産計画精度の重要性を見直さざるを得ない工場も増えています。しかし、ベースとなる営業部門の販売計画や取引先の調達計画がしっかりしていない状況では、生産計画精度向上は実現できないのです。

日本の工場は現場対応で計画変動に対応してきた

日本工場の製造現場には優秀な熟練工が揃っていた

↓

少しくらいの生産変更は現場の工夫で対処できた

↓

外注協力会社も取引を守るために依頼を断らなかった

↓

販売計画変動も現場調整で対応してきた

↓

計画部門も計画変動や計画変更の抑制に消極的だった

↓

サプライチェーン全体に計画軽視の動きが広がった

↓

環境変化により計画変更トラブルが顕在化した

↓

計画変更に対する監視が弱く対策が取りにくい

計画変動に対処するためには

◇生産リードタイムを短縮し、計画変更に対する対応力を高める
◇安全在庫を増やし、変更があっても欠品が発生しないようにする
◇工場の生産能力を高めて、生産増に柔軟に対処できるようにする
◇外注協力会社との協力体制を高めて、協力会社でも変動をカバーしてもらう
◇短納期対応でネックとなりやすい長納期部品は先行で手配する
◇計画策定に関する属人性を排除し、システムで計画内容を管理する
◇計画に対する進捗監視を強化し、計画変更の影響を判断しやすくする

2-2 計画生産製品と受注生産製品を一緒くたに扱わない

PSI計画を考えるに当たり、対象製品の生産方式を明確にすることも大切です。日本の工場の生産方式には3つのタイプ（計画生産、受注生産、ハイブリッド生産）があります。それぞれの生産指示フローはかなり違っています。

ところが、生産管理の教科書や生産管理パッケージに出てくる生産指示フローは、生産計画を起点とする計画生産タイプの生産指示フロー記述だけになっています。このフローだけだと、計画生産以外の企業が適切な生産コントロールをすることは困難です。

計画生産タイプの生産指示フロー

生産管理の教科書や生産管理パッケージが基本としているのは、計画生産タイプの生産指示フローです。計画生産は見込み生産とも呼ばれます。販売計画に基づいてつくられた生産計画に即し、製品を生産手配します。取引先から注文が入ると、あらかじめ策定した生産計画に基づきつくっておいた製品在庫に対して注文オーダーを引き当て、引き当たった数量の製品が出庫されます。そのため、英語ではMTS（Make To Stock：製品在庫生産）と呼んでいます。

MTS工場は、食品や衣料品、電気製品などB2C型の消費材工場で多く見られる形態です（B2B型のMTS工場もあります）。市販されている生産管理パッケージやERPパッケージの多くは、計画生産型組立工場の生産管理業務を効率化するためにつくられたシステムです。受注生産型工場が生産管理業務に使おうとすると、無理が生じて生産効率が落ちることがあります。

受注生産タイプの生産指示フロー

受注生産とは、取引先からの注文に基づいて生産する方式です。日本の製造業は、受注生産工場が支えていると言っても過言ではありません。

受注してから設計部門が製品設計し製品を生産する個別受注生産型（ETO：Engineer To Order）と、あらかじめ設計した同じ製品をリピート生産する繰り返し受注生産型（MTO：Make To Order）に分かれます。

前者の代表が船舶、大型機械、金型などの生産工場です。後者は部品加工工

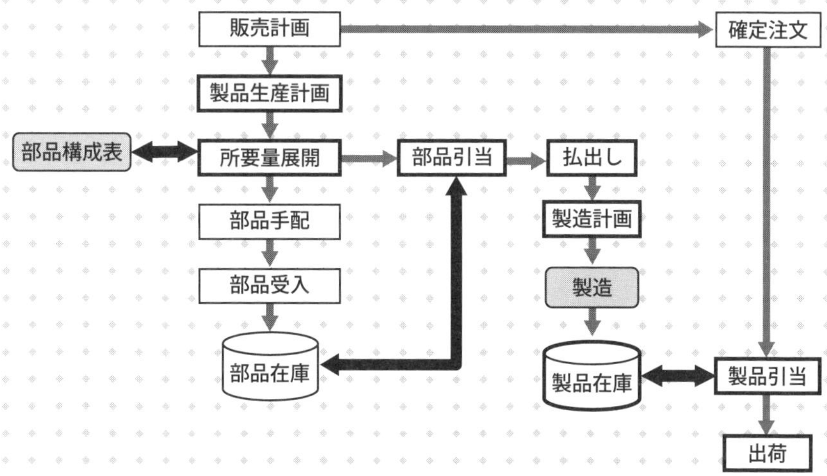

◇計画生産工場は最初に計画をつくってから生産に入る
◇効率的な生産を実行するには計画精度を高く維持する必要がある

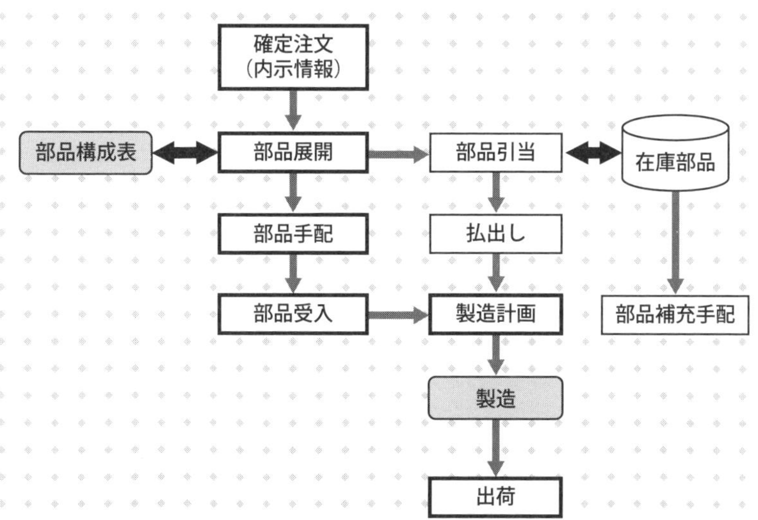

◇日本には受注生産タイプの工場が多い
◇受注生産工場は取引先からの注文によって生産する
◇ラフな生産計画をつくる生産工場もあるが、製造計画だけをつくることが多い

場や専用機械工場などのB2B型企業に多いタイプです。日本の大半の工場が受注生産タイプに属します。最近は、元来はオリジナル製品工場でありながら、他社からのOEM（相手先ブランドの受注生産）製品やプライベートブランド（PB）製品を受託製造する工場も増えています。

受注生産型工場の計画は取引先が握っています。自社内で生産計画をつくっても、取引先の意向で覆されることがあります。生産計画は取引先がつくっている、と割り切って考えた方が生産コントロールは順調に進みます。

公共系製品を受注生産している工場では、一見すると生産計画が安定して変動が少ないように見えますが、変更が少ないのは自社の生産計画立案精度が高いからではありません。年度計画で運営されている取引先からの注文が安定していることが理由です。

日本企業で不思議なのは、自社だけでは生産計画をつくることが難しい受注生産型工場でも、定期的に営業部門と工場の生産管理部門の管理者がわざわざ集まって生販計画策定会議を開催している企業があることです。こうしたムダな会議の開催が、日本企業の生産性が高まらない要因に挙げられています。

受注生産型工場に対しても生産計画精度向上を求める、現場業務を知らない経営者やITコンサルタントもいるため注意しましょう。

受注生産型工場で重視すべき計画は、注文を受けてから生産して出荷できるまでを管理する製造工程計画と、部品や材料の調達計画の2つです。

ハイブリッド生産タイプの生産指示フロー

ハイブリッド生産方式とは英語でATO（Assemble To Order：受注組立生産）、もしくはBTO（Build To Order）と呼ばれるタイプの生産方式です。計画的に先行手配しておいた部品在庫に対して注文オーダーを引き当てて、製品組立を実施します。製品品種が増え、在庫が増えたMTS型のパソコン工場が採用したことで広く知られるようになりました。

ただし、ATO生産により待たされることを嫌がる消費者が多いこともあり、最終製品でのATO採用はそれほど浸透しませんでした。

日本では、取引先からの短納期要求に耐えられなくなったMTO型工場が、ATO生産に取り組むケースが多いです。取引先から提示された生産計画や内示情報などをもとに、部品や材料を先行手配したり、生産を開始したりします。在庫削減が目的のMTS型と違い、先行生産することで納期対応力を向上させます。

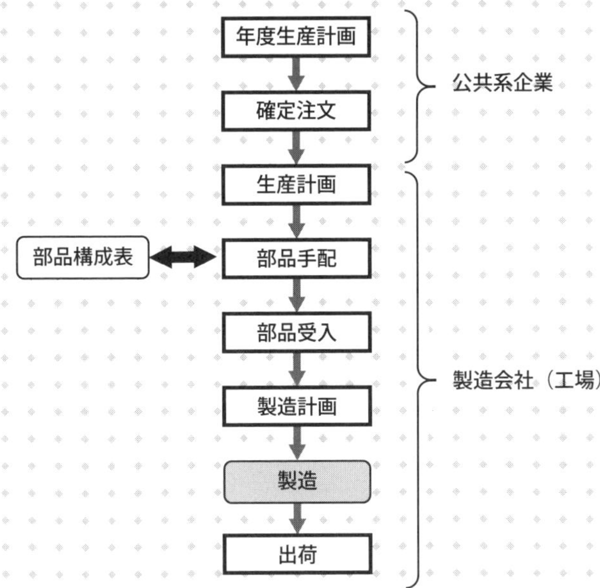

◇受注生産型工場でも公共系企業と取引している場合は計画生産に近い
◇公共企業からの発注は年度計画で決まることが多いため、生産変動も少なく安定しいる

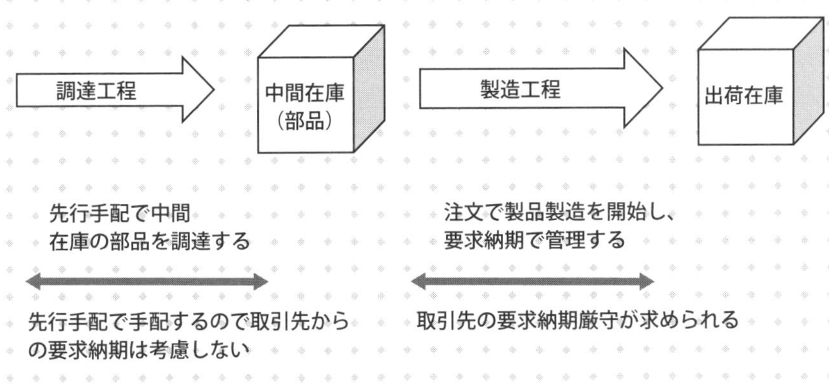

2-3 なぜ営業がつくる販売計画は信用できなくなったのか

工場の生産管理部門を訪問すると、よく聞かされる愚痴があります。それは、「営業部門がつくる販売計画が信用できなくなった」「このままの状態が続くと、工場の生産混乱がますます深刻になる」という話です。

ここで重要なことは、営業部門がどこまで販売計画策定に関与しているのかです。これが曖昧なまま営業に計画精度向上の依頼をしても、先に進みません。そこで、営業部門の販売計画への関与について整理します。

販売計画は営業部門がつくるのが当たり前、と考えている工場関係者も多いと思います。しかし、営業部門は本当に精度の高い販売計画をつくることができるのでしょうか。この問題に関して冷静に考えてみましょう。

工場が生産する製品には、生産計画に基づいて生産する計画生産型製品と、親会社からの注文に応じて生産する受注生産型製品があります。さらに、両者の特徴を兼ね備えたハイブリッド生産型のATO生産製品もあります。ATO生産製品は、部品手配を販売計画か内示情報により先行で計画手配し、製品製造は受注生産で行います。

ATO生産はひとまず置いて、計画生産と受注生産の2つの視点から、営業部門の販売計画策定に関する関与状況を紹介します。

計画生産型製品の販売計画立案

計画生産型の製品を生産する場合は、誰かが工場が生産するための生産計画をつくらなければなりません。生産計画策定のための重要な元情報が、営業部門のつくる販売計画です。そのため、計画生産型製品企業では営業部門の販売計画立案精度が重要です。

近年、営業部門の計画立案能力が劣化している企業が目につくようになってきました。経営者の中にはその事実に気づかずに、昔のように営業部門の計画責任やノルマ未達を追及する人もいます。営業部門の販売計画が当たらなくなった原因のひとつが、経済成長が鈍化していることです。現在の企業経営者が営業の第一線で飛び回っていた時代は、営業部門が努力すれば自然と売上がついてくる時代でした。叩き上げの経営者には、この時代に人並はずれた努力

販売情報からPSI計画への流れ

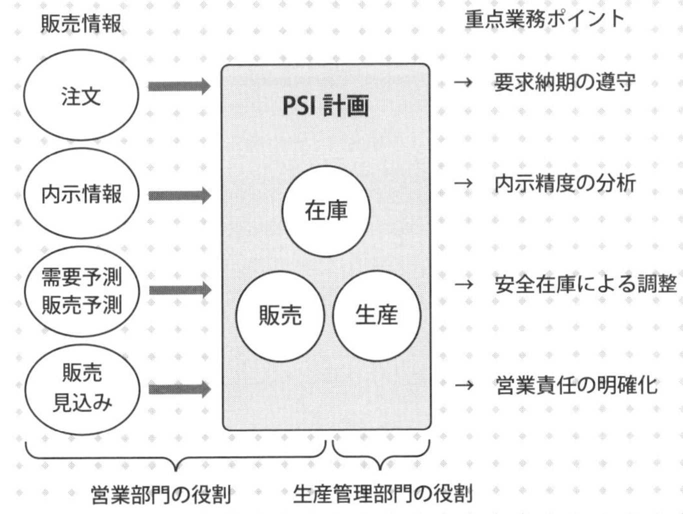

販売計画・生産計画を取り巻く課題

◇取引先からの要求納期が短くなった
◇取り扱い製品の品種が急に増えた
◇取引先からの納期や数量の変更要求が増えた
◇営業要員の調整能力が落ちた
◇工場の現場要員のスキル低下により管理能力が落ちた
◇外注会社や部品会社が柔軟に対応してくれなくなった

◇以前に比べて余分な計画に関する管理作業が増えている
◇工場内に不要な在庫が増えたり、欠品が増えている
◇現場が変更作業に追われて混乱するようになった
◇従来のような自由な工場運営ができなくなった
◇ジャスト・イン・タイムの弊害で変更対応に時間的な余裕がなくなった

工場側でも販売計画の重要性を再認識する必要性が高まった

をしたことでのし上がってきた人が多数います。彼らは、今も数字は営業担当者の努力がつくると考えがちです。しかし、現在は違います。市場全体の需要も増えず、取引関係も固定化している業界も多いです。営業の努力だけでは何ともならない商売も増えています。

過去の売上実績数字の延長だけでつくられた販売計画の計画精度が高い状態にあるにもかかわらず、ノルマを上乗せさせた販売計画作成を要求されている営業が、根拠の乏しい計画数字を提示することもあります。工場がこの販売計画数字を信用して生産計画をつくると、余剰な製品在庫の山が発生します。

昔であれば、代理店への押し込み販売による数字調整（辻褄合わせ）もできましたが、取引形態の変化により、そうしたこともやりにくくなってきています。また、押し込み販売はコンプライアンス違反に問われる恐れもあります。

精度の低い販売計画であればわざわざ営業部門がつくる必要はなく、統計処理に精通した工場もしくはロジスティクス部門の担当者が、ロジカル（統計的）につくった方が精度向上する可能性が高いです。PSI計画には、そのための基盤となる統合計画としての位置づけも期待されています。

受注生産型製品の販売計画立案

受注生産型製品のベース計画をつくるのは、あくまでも取引先です。このことの理解が乏しい経営者が現場を疲弊させることがあります。従来の企業取引では、メーカー側の営業や代理店と取引先の購買部門とで数量調整するケースもありました。メーカーや代理店の営業担当者が取引先に日参し、事前に注文情報を得ることもよく見受けられました。彼らが購買部門の情報からつくる販売計画精度は高い、と評価されていた企業も多いです。特に代理店に頼らずに、直販体制を構築した受注生産メーカーの営業がつくる販売計画は精度が高いことが知られていました。

ところが、生産管理システムとEDI（電子データ交換）による発注が普及したことで、購買部門の発注作業への関与が減ってきています。営業が購買部門に日参しても、注文予定をつかむことはできません。営業の役割も発注数量調整や納期調整から、新製品の売り込みや価格交渉にシフトしています。

この環境下で、営業部門に精度の高い販売計画の立案を期待しても、期待通りにはいきません。工場は、確定注文を得てからの生産でも間に合うようにリードタイムを短縮させるか、計画生産と同じように工場側が統計分析して計画する方が精度は上がるのです。

計画生産品の販売計画精度が悪化してきた理由

◇量販店や通販による販売拡大で、代理店による販売が減少した
◇商物分離の進展で卸売業者や営業の販売・物流への関与が減った
◇EDI などにより取引先の調達情報が即時に伝達されるようになった
◇取引先購買と営業担当者による納期調整が機能しにくくなった
◇卸売業者などによる在庫調整機能が機能しにくくなった
◇優秀な担当者による良い意味でのサバ読みがなくなった
◇製品品種の拡大により需要予測や計画精度が低下した
◇期末押し込み販売のような現場調整が行われなくなった
◇市場成長が鈍化したことで、企業の調達が慎重になった

受注生産品の販売計画精度が悪化してきた理由

◇ジャスト・イン・タイム調達の影響で、在庫による変動抑制機能が低下した
◇内示情報利用のせいで、安易に計画変更してくる大企業が増えた
◇商物分離の進展で営業や部品卸売業者の販売・物流への関与が減った
◇生産計画変動が激しい取引先企業が増えた
◇卸売業者や代理店などによる在庫調整機能が機能しにくくなった
◇EDI などにより取引先の調達情報が即時に伝達されるようになった
◇取引先購買と営業担当者による納期調整が機能しにくくなった
◇優秀な担当者による良い意味でのサバ読みがなくなった
◇製品品種の拡大により需要予測や計画精度が低下した

2-4 商物分離が営業の役割を変えた

20世紀の日本の商品流通の世界では、「商物分離」という言葉がよく聞かれました。商物分離とは、商流と物流を分離するという意味です。現在のように情報や物流のネットワークが機能していなかった当時は、商店や工場が購入商品をダイレクトにメーカーや問屋の配送センターに注文することはあまりありませんでした。

各営業所が顧客からの注文を電話やFAXで受けて、営業マンが軽トラックやバンに積んで配達する形態が多かったのです。出入り業者が、納入品を納入場所に届けたときに、翌日に納品する注文書を専用棚から取ってくるという形もよく行われていました。いわゆる御用聞き対応です。

御用聞きと商品配達の仕事を切り離そうというのが、「商物分離」の基本的な考え方です。注文は本社などに設置した受注受付センターか営業所で受けます。当初は電話やFAX受注が中心でしたが、徐々にネット経由のEDI（電子データ交換）受注にシフトしています。商品の配達は営業担当者が運ぶのではなく、物流業者に委託して商品物流センターから直接運んでもらいます。

商物分離は、処理能力の高いコンピュータを使った販売・在庫の集中管理システム構築が可能になったことと、宅配便業者や小口運送業者の配送サービスレベルが向上したことで急速に普及しました。

商物分離前の商品物流

商物分離するまでの商品在庫管理は各営業所が行いました。自営業所の取引先や扱い商品の特性に基づいて、営業所で保管する商品在庫の品種と数量を決める営業所も多かったです。

工場もしくは本社倉庫は、営業所からの在庫補充手配オーダーに基づき、営業所に商品を発送します。大手取引先相手の場合は取引先の指定場所に直送することもありましたが、一般的には営業マンが配達する形態が中心でした。

営業所に全種類の商品を大量在庫保管しておくわけにはいきません。そこで、この時代の営業所や問屋には「交差比率」という管理指標を課して、在庫が多くなり過ぎないようにコントロールしていました。交差比率は、粗利率と

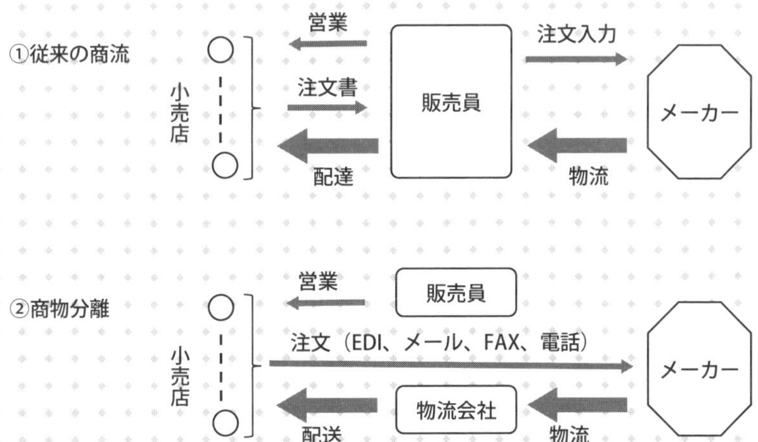

商物分離になると販売員による注文数調整交渉が機能しにくくなる

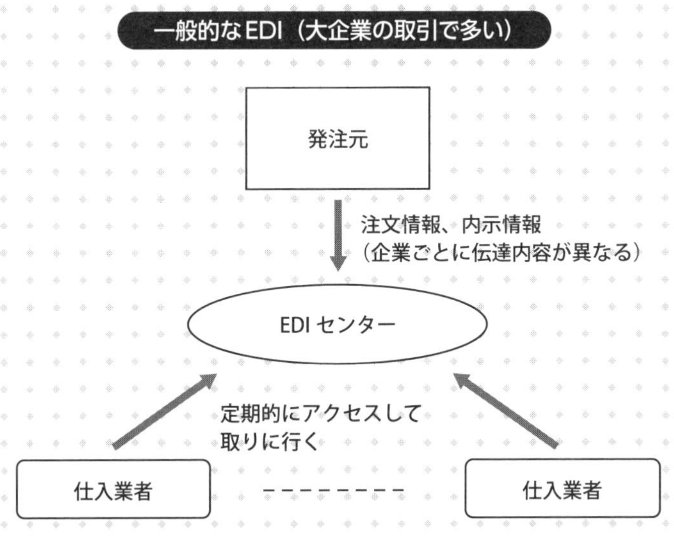

大企業からの注文はこの形態の EDI が主流だが、多様な情報をやりとりするため仕入業者の負担は大きい

在庫回転率をかけた数字です。在庫が多過ぎると在庫回転率が悪くなるので、交差比率も下がってしまいます。いくら利益が出るからと言っても、在庫を増やしてはいけないことを示した指標数字です。

当時の工場で、各営業所の在庫までを直接管理していたケースというのは少数派です。工場の役割は、営業からの依頼により生産して、営業が管理する在庫置き場へ出庫するだけでした。

工場から見るとこの生産形態は計画在庫生産よりも、汎用品の受注生産に近いです。営業部門をオーダー発行する疑似取引先部門と位置づければ、実質的に同じと見なせます。実質的には受注生産であるため、工場は販売予測に基づく緻密な生産計画をつくる必要もありません。実際に日本の工場を回ると、この延長で、受注生産形態で生産している汎用品生産工場に出会うことがあります。

販売計画は誰がつくるのか

近年、営業部門と工場の役割分担が大きく変化しています。大手取引先相手の商売では、営業部門が商品販売の流れに関与するケースが少なくなってきています。商品の注文はEDI（電子データ交換）を経由して直接出荷場所（工場）に届くので、営業は注文結果を確認することしかできません。極端な短納期要求でもない限り、配送は出荷センターから運送業者が納品先に届ける形で対応するのが一般的です。

営業所や問屋の仕事も、注文取りから、新商品の売り込みや価格交渉にシフトしてきています。従来のように購買部門に今後の予定を聞きに行っても、購買部門でさえ将来予定がわからないという大企業の工場や流通業者も増えており、旧来の営業の役割とはかなり違ってきています。

受注活動に各営業所や問屋が絡まないとなると、出荷センターの在庫計画や工場の生産計画のベースとなる販売計画は誰がつくるのでしょうか。商品物流世界における大きなパラダイムシフトが起きています。

大企業の場合は、ロジスティクス部やSCM部など全体需給調整機能を担う部門をつくるところもありますが、それがない場合は工場の生産管理部門が生産状況に合わせて需給調整する企業も増えています。それを支えるのがPSI計画です。

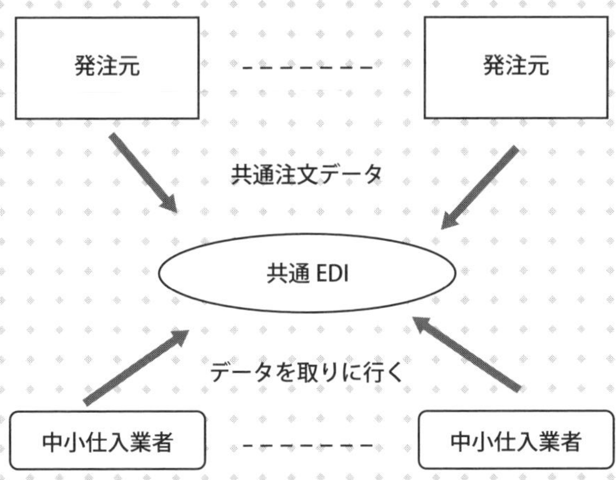

行政は普及に力を入れているが、共通化でやりとりできる注文データ内容が限定されるため参加する大企業は限られる

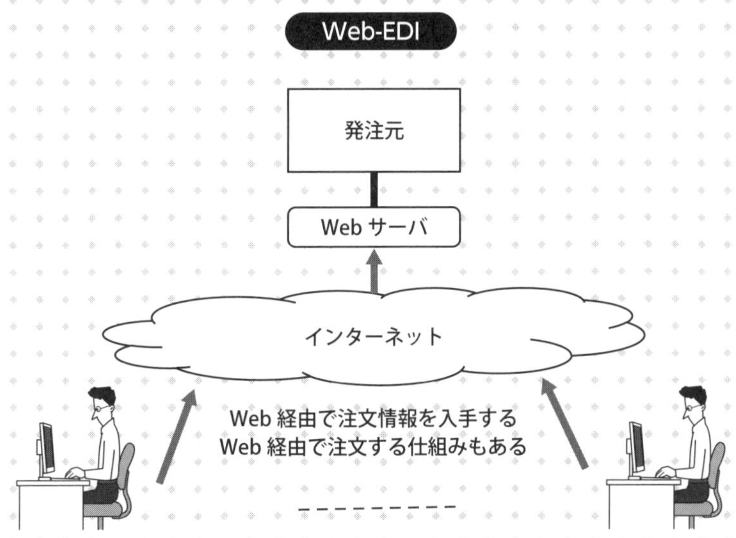

現在普及が進んでいる Web-EDI の課題
納入業者が手軽に導入できる一方で自動化や共通化は難しく、複数取引先対応が必要になると運用に手間がかかる

2-5 ブルウィップ効果のために半導体が不足した

サプライチェーン全体のPSI計画を策定するに際して注意すべき現象に、「ブルウィップ効果」があります。ブルウィップのウィップとは、西部劇に出てくるカウボーイが使う鞭のことです。

カウボーイの手元の動きが鞭の先端で大きくなる現象から引用された言葉で、スタンフォード大学のハウ・リー教授が名づけ親と言われている経営管理用語です。サプライチェーンにおける需要の変動が、消費者側から上流のサプライヤーに向けて増幅していく現象を指します。2022年に多くの製造企業で大問題になった、半導体などの電子部品不足がブルウィップ効果の代表です。

ブルウィップ効果の発生要因としては、「供給ロットのまとめ」と「関係者の思惑やサバ読みの蓄積」が知られています。

ロットまとめによるブルウィップ効果

小売店などでの店頭における商品購入は、1個ずつ購入というように少量単位で行われます。ところが、卸売業者や商品配送センターから各小売店や商店への商品供給は、物流効率の問題から1個単位で行われることはほとんどありません。「10個入り」「ダース入り」など、ケース単位で配送されるのが普通です。メーカーの工場からの卸売業者などへの出荷は、さらにケースを複数まとめて配送されます。

工場の生産における部品購入や部品製造では、さらに100個単位など、より大きなロット単位で行われることも多いです。ロット手配が一般的な物品のサプライチェーンでは、上流になるほど供給ロットが大きくなりがちです。その結果、サプライチェーンの上流ほど増幅は拡大します。

日常的に大量の商品がコンスタントに売れているか、1個流し生産のように常に供給ロットが小ロットで動くサプライチェーンであれば、ロットまとめによるブルウィップ効果発生に対して神経質になる必要はないでしょう。ところが、物流効率や製造効率の問題などによりロットまとめが避けられない商品供給では、ブルウィップ効果による需要変動の影響は避けられません。したがって、ブルウィップの発生を考慮したPSI計画の立案が必須となるのです。

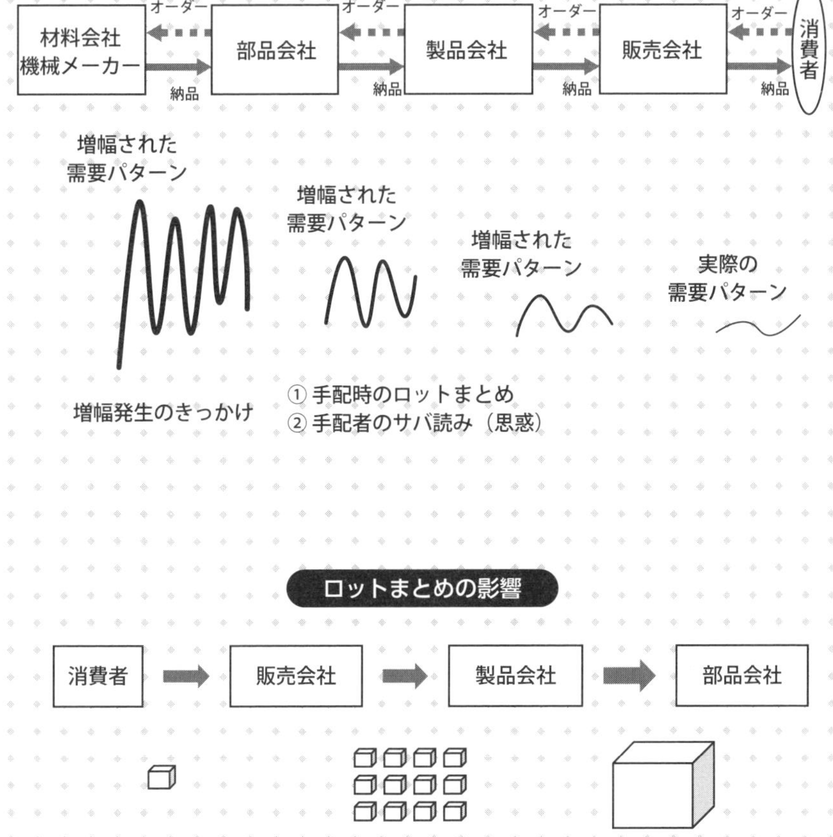
ブルウィップのメカニズム
材料会社
機械メーカー
部品会社
製品会社
販売会社
消費者
オーダー
納品
増幅された
需要パターン
実際の
需要パターン
増幅発生のきっかけ
① 手配時のロットまとめ
② 手配者のサバ読み（思惑）
ロットまとめの影響
消費者
販売会社
製品会社
部品会社
消費者へは1個
単位で販売
販売会社へは
1ダース単位
で販売
構成部品は
120個単位で
販売
発注ロットと発注タイミング

思惑によるブルウィップ効果

ロットまとめとは異なるブルウィップ効果の発生要因に、サプライチェーン上の各調達担当者の思惑（サバ読み）があります。各調達担当者が欠品や過剰在庫の発生を恐れて、自分の思惑で商品や部品の発注数を加減して発注することで生じます。たとえば、対象商品が急激に売れてきたので発注数を増やしたとか、在庫が増えてきたので発注を減らすなどの場合です。

コロナ禍初期に起きたマスクや消毒液不足などが、思惑によるブルウィップ効果の典型です。マスクが売り場からまったくなくなったと思ったら、いつの間にか今度は在庫があふれている、というような乱高下が起きました。2022年の半導体不足騒動も同じ構造です。

マスクの例でもわかるように、思惑によるブルウィップ効果は、サプライチェーン上の需要変動によって起きる商品相場変動を利用して儲けることを考える人が介入することで、増幅が激しくなることがあります。

こうした状況下では、調達計画やそれをベースにした生産計画をつくっても役に立ちません。

どんなブルウィップ対策があるのか

極端なブルウィップ効果が起こると、対象物品の販売も計画を生産も大きく混乱します。さらに収益のコントロールが難しくなるため、企業経営にも大きな影響を及ぼすことは必至です。倒産する企業が増える心配も生じます。

ブルウィップ効果を防ぐためには、サプライチェーン上の物品の販売・生産の動きをタイムリーに監視することが求められます。何らかの需要変動が起きる兆しが見えたら、すぐに対策を講じます。

サプライチェーンを通じたPSI計画の策定は対策の第一歩です。このことも、PSI計画やリアルタイムPSI監視が期待を集めている理由のひとつです。

ただし、サプライチェーンを構成する企業のどこかが、自社の情報を開示することに消極的であったり、計画変動の抑制に非協力的であったりすれば、いくら精緻なPSI計画をつくっても十分に機能することはありません。

2000年前後に注目されたサプライチェーンマネジメントが機能しなかった要因に、この問題があると言われています。大企業の購買部門がジャスト・イン・タイム調達にこだわったり、注文変動や内示変動に無頓着だったりすると、ブルウィップ効果の発生を抑えることは不可能です。

自動車用半導体不足はなぜ起こったのか

EV 化や運転制御の進展で自動車用半導体の需要が増えた

↓

重要部品でありながら半導体手配は制御盤業者任せだった

↓

半導体工場火災などの影響で一時的な半導体不足が心配された

↓

一部の半導体卸売業者や海外メーカーが半導体を買い占めた

↓

制御盤業者などが慌てて必要以上の追加手配をした

↓

半導体の不足が顕在化して計画通りに自動車をつくれなくなった

↓

慌てた自動車メーカーなどが大幅な追加手配を指示した

↓

半導体不足が加速し、購入元の追加手配数がさらに拡大した

↓

大幅に追加手配した半導体が余り出した

ブルウィップ効果による弊害

ブルウィップ効果の増幅幅によって安定生産が実現できるか決まる

◇サプライチェーンの上流ほど増幅する幅が大きくなるため、適切な数量計画が立てにくい

◇サプライチェーンの上流ほど計画の自由度が低く、在庫対応を余儀なくされる

◇材料会社や部品会社は製造設備が変動に対応しにくいため、変動対応できないことがある

↓

下請型の受注会社に対する影響が大きい

◇親会社からの発注量や内示量の変動が激しく、生産計画立案が難しい

◇内示変更が多発し、下請業者が独自に作成している生産計画との調整が難しい

◇2 次購買品や材料の手配のリードタイムがかかるため、独自判断での先行発注や在庫保持を余儀なくされる

下請企業の生産コントロールがうまくいけば、親会社の調達コストも下がるはずなのだが？

2-6 仕事ができる人のサバ読みに注意しよう

PSI計画の精度にとっての障害のひとつが「サバ読み」です。サバ読みとは、実際の数字を誇張して伝えることです。たとえば、取引先からの納期要求が今月末までに納入だったとして、それを営業担当者が「25日までに納入」に修整して工場に伝えるようなことがサバ読みの代表です。

逆に工場側の納期調整担当者が、実際には20日間で生産できる製品を「30日かかる」と営業に伝えることもサバ読みです。

コンピュータシステムが算出した予測数字に対して、自身のトレンド認識に基づき予想数字以上に売れると考えた発注担当者が、数字を上積みして注文することもサバ読みに相当します。

現場におけるサバ読みの横行は、トップダウン型の企業運営において好ましいものではありません。システム活用においても、計画数字が信用できなくなるので基本的には嫌がられます。欧米では、現場の独自判断によるサバ読みは慎まなければならない事項とされ、処分対象になることもあります。

日本企業におけるサバ読み

日本のビジネス社会では、サバ読みは日常茶飯事で行われています。「現場の知恵」などと肯定的な認識を持つ人も多くいます。サバ読みに長けることが出世のための条件と考える風潮もあるほどです。

サバ読みには、基本的に2つの種類があります。1つは、将来的なリスクを防ぐために行うサバ読みです。何らかの理由で欠品状態や納期遅延が突然発生することを恐れて、注文時に発注数や要求納期をいじるサバ読みです。これは、後述する安全在庫設定につながる行為です。

こうしたサバ読みは、新人や業務経験が少ない人にはできません。どちらかと言えば、優秀な人間が行うことが多い行為です。上司や取引先に対する忖度に近い動きです。

サバ読みのもう1つのタイプが、経営者や管理者などが実施することが多い、将来に対する夢（期待）に基づくサバ読みです。世の中の動向を先読みして行うのが普通です。たとえば、これから市場で売れると思われる商品が出て

営業と工場のサバ読み

営業部門のサバ読み

◇顧客の要求納期よりも早めの納期を指示してくる
◇顧客の要求数よりも多めの数字を手配してくる
◇必要数量や必要在庫数を嵩上げして計画手配する
◇まだほとんど決まっていないのに先行手配を始める
◇顧客からの圧力を過度に強調する
◇標準リードタイムの短縮をしつこく要求する

疑心暗鬼 ⇔

工場のサバ読み

◇完成予定日を少し遅らせて営業に伝える
◇過度に製造能力が足りないと強調する
◇標準リードタイムをあえて長く設定する
◇本来の製造計画数よりも少ない計画数字を営業に伝える
◇営業担当者によって回答数字を変える
◇在庫があるのに「ない」と回答する
◇安全在庫を想定以上に積み上げる

サバ読みが激しくなるとどうなるか

営業部門が取引先から「納期遅れは厳禁」と言われる
↓
営業部門は要求納期を前倒しして工場に伝える
↓
納期の前倒しは一時的でなく、日常的に行われる
↓
工場も納期遅れの発生を恐れて完成納期を早倒しにする
↓
両方の調整によって早くつくり過ぎてしまい計画外在庫が発生する
↓
営業も工場も相手が完成納期調整していることに気づく
↓
どちらの部門も無理に納期調整するのをやめる
↓
突発的な問題が起きて納期遅れが発生する

きたときに、必要数以上の量を仕入れるような行為です。逆に売れなくなったら、在庫が残らないように急激に発注数量を減らします。商品先物市場などの投機にも通じる行為で、業務担当者よりも利に聡い経営者が行いがちなサバ読みです。

サバ読みは一面から見ると、正しい行為をしているように見えます。手配業務が人手で行われていた時代はそうであったかもしれませんが、システム化によりすべての情報が一元管理できるようになった現在では、業務に揺籃を起こす雑音に過ぎません。

現にリスクが起きたとき、実際の需要変動とは異なる変動が生じている可能性があり、タイムリーな変動対策を打てなくなることが心配されます。たとえば、サバ読みによって実際にかかるリードタイムがはっきりしなくなり、計画以上の在庫がたまる原因になっているかもしれません。

サバ読みを防ぐ

サバ読み行為の蔓延は企業の計画運営の障害となります。ところが、サバ読みは企業もしくは担当者のリスク対策として行われることが多く、簡単になくすことはできません。

本来であれば、経営者や上司がリスク発生への責任を取ることで解消すればいいのですが、日本社会では上司、特に経営層が責任を取ることは稀です。逆に問題が生じたときには、現場に責任を押しつけて自分は無関係だと主張する経営者もいます。日本の企業社会では、経営者が責任を取ると宣言したとしても、現場は信じないことが多いです。この状況下で行われているサバ読みは確信犯的に行われるため、なくすように指示しても理解してもらえることは少ないでしょう。

それでは、どうしたらサバ読みを減らせるでしょうか。筆者はサバ読みに長けた人を、全社的なサバ読み対策プロジェクトの実行リーダーに任命して、サバ読みの実情を分析してもらうことを推奨しています。

プロジェクトの目的はサバ読みをなくすことではなく、サバ読みを会社の業務ルールに昇華させることです。ルール化したサバ読みをPSI計画立案ルーチンや計画システムに取り組むことで、サバ読みによる不測活動を予防するのです。

サバ読みの課題

◇サバ読みは個人判断で行われるため統制が難しい
◇サバ読みは「できる」と言われる人ほど行いやすい
◇サバ読みをしている人は禁止されることに抵抗しやすい
◇サバ読みがわかると、相手もサバ読みで対抗してくることが多い

サバ読みを減らすにはどうしたらいいか

関連部門インタビューによりサバ読みに長けた人を探す
↓
サバ読みに長けた人をサバ読み改善担当にする
↓
サバ読み改善担当にサバ読みの実態を調査・分析してもらう
↓
関連部門が集まってサバ読み改善方針を検討する
↓
サバ読み改善担当を中心に改善策を実行する

2-7 大企業が出してくる内示情報が当てにならない

内示情報とは何か

今までの説明に、何度も内示（情報）という言葉が出てきました。この内示情報こそが、日本の製造業界において計画の重要性を損なわせた元凶の代表です。内示とは正式な注文の前に、取引先から下請けの部品会社や外注会社に流される非公式な発注予定情報のことで、日本独特の商慣習です。

海外でも内示と似たような形で、下請会社に対して製品の生産計画やS&OPを提示することはあります。計画情報を流すことで、事前に材料の手配や生産体制の拡充、作業員や製造能力の確保などをしてもらうためです。下請会社は、こうした情報をもとに生産の準備を行います。

内示情報も同じような考え方から出てきたものと思われます。正式注文の前に発注予定情報を流すことで、下請会社に事前に生産準備をしてもらい、納期遅れが起きないように手当するものです。内示情報の伝達は、トヨタがJIT（ジャスト・イン・タイム）生産を機能させるために生み出したと考えられていますが、部品の調達予定の事前開示と考えれば、本来は下請会社にとって好ましい優れた情報提供と言えます。

内示手配の何が問題なのか

下請会社にとって好ましい情報提供であったはずの内示情報ですが、一転して下請会社の生産を脅かす存在となってきています。

最大の問題は、内示情報を伝達しているからと、確定注文情報を伝達する時期を遅らせる親会社が増えたことです。納入日の1週間前に注文するのであればまだましな方で、2～3日前に引き取り用の伝票やかんばん伝票を送りつけて納品させる親会社や、工場の前に納入用の倉庫を準備させて確定注文当日に納品させるところもあります。要求納期まで数日しかない場合、確定注文を受けて生産したのでは、納期通りに納めることは不可能です。そこで多くの下請会社は、内示情報をもらった時点で生産を開始します。

内示手配を用いることで、親会社は工場での製造を開始する前に余分な在庫を持つ必要がありません。トヨタ生産方式の謳い文句であるジャスト・イン・

内示情報の作成・伝達フロー

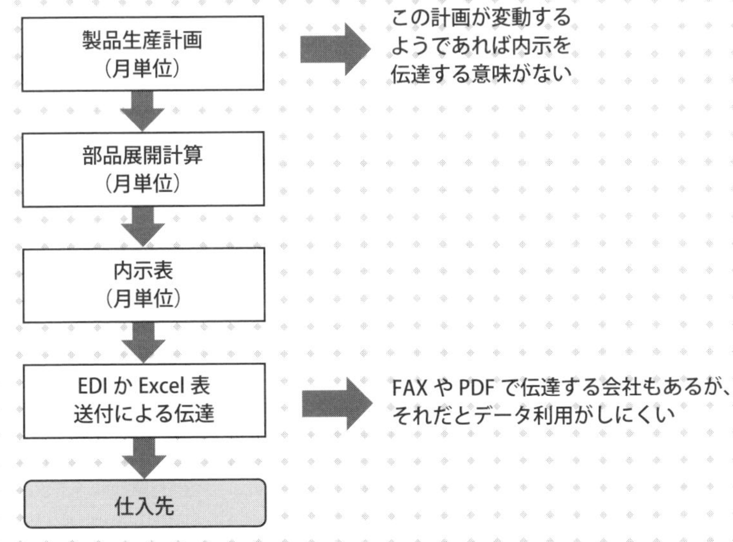

内示計画スケジュールの例

1月分				2月分				3月分			
製造	確定	予定	予定	内示				生産計画			
	製造	確定	予定	予定	内示			生産計画			
		製造	確定	予定	予定	内示		生産計画			
			製造	確定	予定	予定	内示	生産計画			

1カ月以上前は月間数字で、1カ月以内は週単位の数字を伝えてくる

タイム（JIT）も実現できます。大企業を中心に、内示＋JIT調達体制の構築が進みました。

しかし、この考え方はトヨタの基本的な運営方針と同じとは言えません。トヨタの場合は、内示情報と確定注文情報には差が出ないように気をつけています。若干の差は出たとしても、繰り返しの注文によりできるだけ早く差異を吸収しようとします。

一方で、トヨタ以外の企業においては、内示情報と異なる確定注文数を平気で変えてくるところがあります。内示情報はあくまでも仮の数字で、「変更は当たり前」という態度で接してくる大企業の購買関係者もいるほどです。

こうした優越的な購買手配がまかり通るのは日本の企業社会だけです。契約を前提とする海外の商慣習では、内示情報での先行手配が許容されることはほとんどありません。内示に代わる生産計画を事前に伝達してあったとしても、確定注文納期はそれなりのリードタイムでの発注が必要とされます。

内示情報の精度を上げる必要が出てきた

経済成長が続いて需要が増えている状態においては、内示情報と確定注文情報との差は注文数量の増加が吸収してくれました。発注側もしくは下請側の担当者がサバを読んで生産量を増やすことで、注文変動や生産変動に対応することもできました。

しかし、経済成長が鈍化して需要変動が激しくなると、こうしたやり方では対応できません。たとえば、現在は長期間にわたり、確定注文情報が内示情報よりも少なく出る傾向が続いています。

確定注文情報が少なくなるのは、部品や材料が手に入らなくなったためです。半導体などの電子部品やレアメタルが代表です。ジャスト・イン・タイム調達を指向して安全在庫を削減した工場ほど、生産計画通りにつくれない事態に追い込まれています。工場でつくれない上に、ジャスト・イン・タイムのために部品在庫を増やせず、仕方なく下請会社への確定注文数を内示数よりも減らすことになります。

確定注文数が内示数より少なくなるのは、最終製品の受注数が減ったからだけではありません。最終製品の需要は落ち込んでおらず、生産できずに注文残がたまる一方の製品も多いです。経営者は挽回生産を主張し、内示数は高止まり状態となります。

内示手配の問題点

内示手配はトラブルになりやすい

◇ 注文と違い、内示情報は契約責任がはっきりしないことが多い
◇内示情報は変更しても問題ないと考えている人がいる
◇確定注文のリードタイムが短くなりやすい
◇海外製の ERP の業務フローでは対応していないことがある

内示手配は納期遅延が起きやすい

◇確定注文でないと受けてくれない取引先が存在する
◇部品が不足したときは内示よりも確定注文が優先される
◇内示だけでは納期に間違いなく納品されるかどうかわからない

◇自社が内示手配を続ける意味があるのかの再検討が必要

内示情報の精度が悪い想定原因

◇内示情報を使うことになった経緯がはっきりしない
◇内示情報の作成ルールや修整ルールが明確になっていない
◇長納期注文がいいか、内示伝達が適しているかの議論がされていない
◇関係者に仕入先に内示情報を伝達する意味が理解されていない
◇仕入先が内示情報をどのような形で利用しているかを知らない
◇内示情報の作成責任者がはっきりしない
◇社内では内示情報と確定注文を紐づけて管理していない
◇内示情報や確定注文に大幅変更があっても許容されている

2-8 販売計画に需要予測ソフトは使えるのか

販売および在庫計画の精度を高める方策として、期待を集めているツールに「需要予測ソフト」があります。本項では、その詳細について紹介します。

需要予測ソフトとは何か

需要予測ソフトとは、過去の販売実績（時系列）データに対して統計処理などを課すことで、将来の需要を予測するためのソフトです。最も基本的な計算手法が「移動平均計算」です。期間平均の計算式を使って過去の需要トレンドをならし、将来の予測値につなげます。トレンド以外の変動要素が少ないケースで有効に使えます。

季節変動、イベント効果、CM効果などのトレンドとは異なる変動要素の影響が高まると、移動平均計算だけでは十分に予測できません。より複雑な需要予測計算でないと、予測精度は高まりません。主な需要予測計算には、77ページの上表に示すようなモデルがあります。

最新の需要予測ソフトは、過去のデータから複数の計算方法を自動選択して、最適な予測計算ができるようになっています。人間による計画だけでは不安な企業を中心に、導入する企業も増えています。ただし、需要予測ソフトの活用目的が不十分な状態のソフト利用は、混乱を誘発するだけなので注意しましょう。

需要予測ソフト利用の課題

大きな期待を集める需要予測ソフトですが、実際に利用する際にはいくつかの点について留意すべきです。

①商品品種が多過ぎないか

日本市場は、海外に比べると商品品種が多過ぎる傾向があります。その結果、当該商品群全体の需要は安定しているものの、個別商品の需要は大きく変動するケースが生じます。たとえば、季節限定商品などはこれに当たりますが、商品品種が多過ぎると個々の商品の需要予測は難しくなります。

需要予測ソフトへの期待と挫折

流通構造が複雑化し、営業による販売計画調整が難しくなった

↓

製品品種が増えたことで、属人的な販売予測が難しくなった

↓

高度な需要予測ソフトや AI ツールが登場してきた

↓

需要予測ソフトを使えば簡単に需要予測ができると思えた

↓

実際に需要予測ソフトを購入して運用してみた

↓

需要予測には限界があり、期待するほどの効果は得られない

↓

原点の移動平均計算と在庫補充対応の運用に回帰した

需要予測の原点は移動平均計算

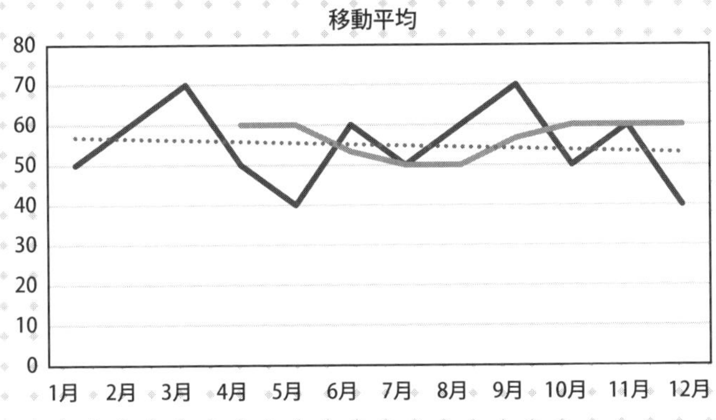

月	1月	2月	3月	4月	5月	6月	7月	8月	9月	10月	11月	12月
実績	50	60	70	50	40	60	50	60	70	50	60	40
3 カ月移動平均				60	60	53	50	50	57	60	60	60

↑ 1～3 月の平均　↑ 3～5 月の平均

②突発的なイベントに気をつける

日本の消費者は海外に比べて流行に敏感です。一度流行し始めると、需要予測計算の想定を超えた突発的な需要大幅増、およびその反動減が起きることが考えられます。

③新商品の利用には限界がある

需要予測ソフトは、基本的に過去の実績データを用いて計算します。そのため過去データがないような新商品に関しては、予測精度が落ちることは避けられません。類似商品のデータを使うなどの工夫もありますが、類似商品はあくまでも類似のものです。そのことを意識して需要予測計算することが大切です。最近はAI利用で新商品の需要予測ができるという宣伝も多いですが、AIであっても過去データの質が予測精度を左右することに変わりはありません。

④販売できなかった実績をどうするか

需要予測ソフトは、過去の販売実績から未来を推定します。過去の販売時に何らかの問題が生じて欠品した場合は、その分の需要は実績に反映されません。欠品率が小さい場合はいいですが、欠品が多数出た場合は正確な需要数をつかむことが難しいのです。

一方、販売数ではなく引き合い数で計算する場合もありますが、需要不足の際はいくつもの業者に同じ商品の引き合いを出したことや、ブルウィップ効果による思惑などで需要全体が膨れ上がっている可能性もあります。

⑤人間によるバイアスは避けられない

たとえ需要予測ソフトを使ったとしても、最後は人間の手で計画数値を決めるのが普通です。このときに、計画作成者のバイアスが入ることは仕方がないことです。特にノルマが厳しい会社では、期待通りの予測結果が出なかった場合は努力目標バイアスを積み上げることも多いようです。あまりにバイアスが強いと、何のために精度の高い需要予測ソフトを使う必要があるのかもわからなくなってしまいます。

⑥予測精度の検証をしていない

日本社会には、「予測は注目されるが、検証はおざなり」という風土があります。需要予測に限りませんが、この有様を放置した状況での需要予測計算は無意味です。いずれ需要予測ソフトは埃をかぶることになるでしょう。

MAPE、Bias、MASEなどさまざまな予測精度（実績との乖離）を指標化する計算式があります。ソフト導入に合わせての利用を推奨します。

代表的な需要予測計算モデル

過去の時系列の延長で未来の需要を予測計算する

モデル名	特徴
移動平均法	過去実績を期間平均して将来予測とする
指数平滑法	過去実績に重みづけをして直近の実績反映を増やす
ホルト・ウインタースモデル	指数平滑法にトレンドと季節性を加えて予測する
ARMA モデル	過去の予測と実績の差も反映させる
ARIMA モデル	ARMA モデルにトレンドを加えて予測する
状態空間モデル	若干の不確実性も加えて予測する
機械学習モデル	AIによる予測。大量データから予測するが、予測根拠はブラックボックス

需要予測の留意点

◇時系列予測は過去実績がないと予測ができない
◇定番品の需要予測は移動平均だけで十分なことも多い
◇欠品状態の期間が長いと予測精度は落ちる
◇新製品は過去実績がないので予測精度は落ちる
◇類似製品や競合製品があると、需要の取り合いをすることで予測精度は落ちる
◇CM、番組、バーゲンなどのイベント感応度の影響予測は難しい
◇因果予測や判断的予測は予測担当者のバイアスが入りやすい
◇ブルウイップ効果が激しくなると予測は難しい

◇需要予測担当部門を明確にする
◇いきなり予測するのではなく、最初は移動平均で実績トレンドを把握する
◇トレンドがわかってから多様な需要予測モデルに挑戦し、影響要因を見つけ出す
◇当たらない需要予測は使いものにならないという偏見を取り除く
◇予測モデルの比較評価のために MAPE、Bias などの予測精度指標を活用する
◇属人的なバイアスによる影響が発生し過ぎないように注意する

2-9 そもそも日本は製品の品種が多過ぎる

日本製品の品種数が多過ぎる

海外製のERPパッケージを導入した企業で、生産管理トラブルが多発しています。「海外企業は計画型のERPを使って経営を効率化しているのに、日本企業はERPが使えない」というような声を聞くことも多いです。せっかくERPパッケージを導入したのに、カスタマイズ改造により原型をとどめない状態で使っている企業も存在します。「ERPが使えないような企業が、PSI計画に力を入れてもうまくいく可能性は低い」という声もよく聞きます。

日本でERPがうまく使えない原因のひとつが、日本には、受注生産型製品工場が多いことにあります。いくら業務をERPパッケージに合わせるべきと言っても、取引先の調達方法まで対応させるのは現実的ではありません。こうした工場では、ERPは伝票発行装置としてしか使っていません。

それでは受注生産ではなく、計画生産型製品工場だったらERPは機能するのでしょうか。実際に日本の計画生産型製品工場を巡ると、ERPの利用で苦労している工場は予想以上に多いです。同じ計画生産だからと言っても、日本の工場で海外工場と同じような形で、計画型のERPを使うことは容易ではありません。

日本の計画生産型製品工場と海外の工場とは、どこが違うのでしょうか。筆者が見る限りは、日本の計画生産型製品工場は海外の類似製品の工場に比べて、品種が圧倒的に多いように感じます。たとえば海外の消費財メーカーでは、基本的に同じ定番商品を何年、何十年と販売し続けます。技術革新や機能追加により新製品にシフトするときも、むやみに品種を広げたりすることはありしません。

一方、日本の消費材メーカーでも定番商品を売り続けることはありますが、その周辺で次から次へと新商品を投入しています。ビールや菓子などでは、期間限定の季節商品や地域限定商品などを次々と発表して販売します。耐久消費材では多様なオプションを選択可能にすることで、いかにも品種が増えたように感じさせる場合もあります。これは、標準化とは逆の動きです。

現在の日本の消費環境は非常に厳しいものがあります。国民の間に将来不安

品種が多過ぎる弊害

市場が発展途上や急成長時は定番品の大量生産が主体

↓

成長が止まると定番品だけでは販売が増えにくい

↓

製品単価を上げるために品揃えを増やすことが多い

↓

品揃え増により購買者の購入意向がつかみにくくなる

↓

個別商品の需要予測や販売予測が当たらない

↓

個別製品の販売計画や生産計画の精度が落ちる

品種が増えると変動が大きくなる

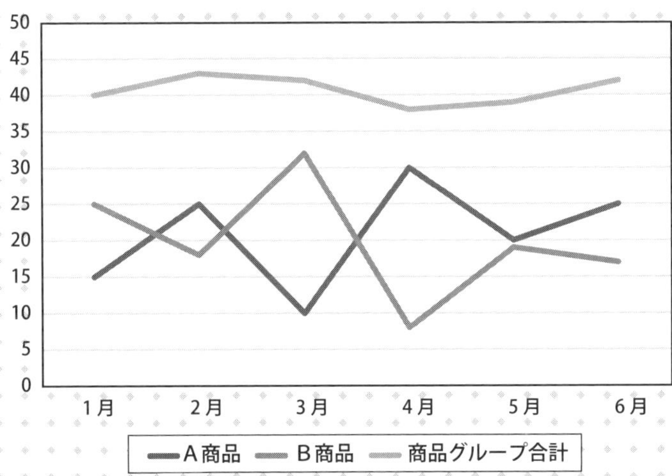

◇個々の商品は変動しているが、商品グループ全体の変動は少ない
◇変動の少ない商品グループの計画作成は容易だが、変動の激しい個別商品の計画作成は難しい

が広がっています。海外とは違い、貯蓄を消費に回す動きは限定的です。販売価格を安くしただけで、売上増につながることも少ないです。

売上低迷の打開策として、品種を増やすことで消費者の関心を引きつけ、売上を増やそうとする企業が目立ってきました。メーカーのみならず、量販店などの流通業者にもそのように考える企業が多いようです。

品種増加の動きは最終製品メーカーにとどまらず、最終製品メーカーに部品や材料を納入する部品会社などにも広がっていきます。日本の汎用部品メーカーでも品種増加の動きが加速しています。

品種が増えれば計画精度は落ちる

同じ用途の品種が増えれば、各商品の販売予測精度は落ちるのが一般的です。たとえ商品グループ全体の需要は安定的であったとしても、品種間の消費の取り合いが発生することにより、個々の商品の需要変動が起きるからです。新商品が絡む場合は、過去の販売傾向を参考にすることも難しくなります。

品種の増加によってリードタイムが長くなり、個別製品の需要変動も激しくなります。ERPのような計画型のシステム運用も難しくなります。品種を増やさなければ、安定的なPSI計画をつくることができたかもしれません。日本企業は、あえてPSI計画作成の困難を増す品種増加活動をしていることになります。

ハイブリッド生産で対応する

製品品種の増加対策として期待を集めたのが、ハイブリッド型のATO生産です。代表例がパソコンです。製品のベースとなるユニット部分を共通化し、注文を受けてからオプション部品を組み合わせることで製品品種を増やします。共通化することでベースユニットの需要変動を抑えることができ、ベースユニットのPSI計画が作成しやすくなります。日本でも自動車産業や産業機械産業などではATO生産の考え方を取り入れ、ベースユニットを共通化しようとする企業が出てきています。

ただし、日本のハイブリッド生産はこの用途のためというよりも、内示発注による先行手配生産対応のための方が一般的です。ATO生産においても、先行手配部品は在庫することになるため、ジャスト・イン・タイム調達との調整が難しくなるからです。

品種が増えるとリードタイムは長くなりやすい

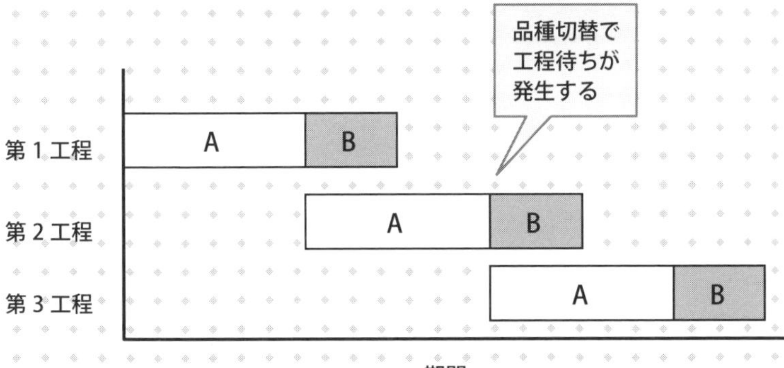

品種が増えると工程待ちも増えるので、全体的な生産リードタイムは長くなりやすく、計画精度も低下しやすい

ハイブリッド生産が期待されるようになった

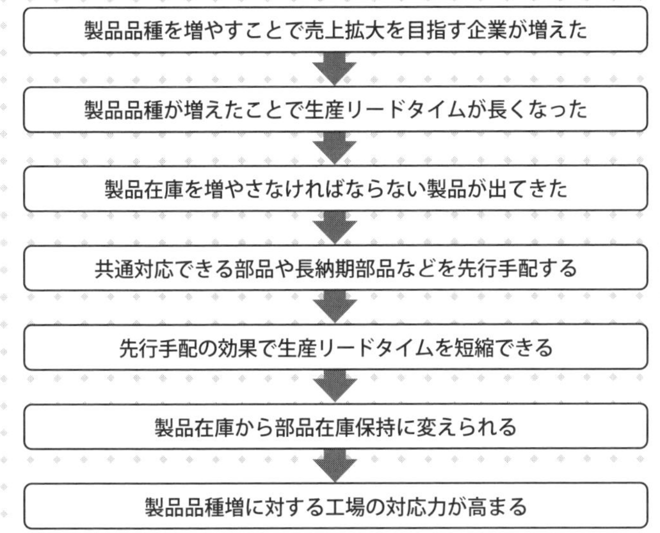

column

食品業界はOEM生産が支えている

受注生産型の工場と言えば、部品加工会社をイメージする方も少なくないでしょう。受注生産型の部品加工会社は日本中に多数存在しますが、中堅規模の受注生産工場の中には、食品、医薬品、化粧品などを簡単なプロセス工程により受注生産するところもよく目にします。これらの工場では、大手メーカーや大手流通業者からの注文を受けて、OEM製品や材料製品を製造して納品しています。

日本の商品流通の世界では、商品品種の拡充により少しでも売上増を目論む業者が多数います。その代表が、コンビニでよく見かける季節限定商品です。ただし、大企業の工場が生産品種を増やすのは簡単ではありません。製造ラインが大規模過ぎて、小回りが利きにくいためです。そこで、外部に商品製造を委託する企業が増えました。

結果的に、日本の食品・医薬品・化粧品業界などにOEM分業体制が広まることになったのです。最初は手作業で製造する小さな工場への製造委託が中心でしたが、受託会社の規模は徐々に大きくなっています。

プロセス工程の分業体制は、大企業には効率的である一方で、受託する中堅企業にとってそうとは言えません。生産管理能力がない工場が安易に製造品種を増やすと、品種切替に多発により納期・品質管理に支障が出る可能性があるからです。OEM生産問題は日本独特のSCMリスクと言えます。

第3章

在庫・生産計画の強化で変動を乗り切る

販売計画を受ける形で作成されるのが、製品や構成部品などの在庫計画と生産計画です。そこで、工場が中心となり在庫計画と生産計画を作成するための、基本的な考え方を紹介します。最初に、企業が在庫を保持する意味や目的、管理方法などに触れます。計画変動のほか生産変動、納期遅延などの業務課題も蔓延しつつあり、業務課題対策としての安全在庫の重要性が高まっています。生産計画に関しても、計画担当者がただ計画を作成するだけでなく、どうやって生産平準化を実現するか、計画通りに生産ができるかという生産統制が重視されるようになってきました。

3-1 計画遂行の障害となる余剰在庫を分離する

在庫数字は、在庫計画単独でコントロールする対象ではありません。在庫数字はサプライチェーンの物品供給が問題なく行われているかどうかを監視し、問題が起きたときに原因を分析するのに使います。そのため筆者が企業診断やコンサルティングを行う際も、できるだけ最初に在庫分析をするようにしています。

在庫分析で何がわかるのか

在庫分析によって販売計画と生産計画の連携状況をつかむことが可能ですが、それ以外にも次のような内容を明確にすることができます。

①計画通りの業務運営が行われているかがわかる

欠品が多発したり、過度な余剰在庫が溜まったりしているような企業では、販売計画や生産計画の通りに業務が行われていない可能性が高いです。その最も手軽なチェック方法が、在庫計画と在庫実績の差異確認です。両者の差異が大きく、継続的に続いているような場合は販売と生産のどちらか、もしくは両方の計画策定か業務運営がうまく機能していないことを表します。

差異確認に当たっては、データに基づき、関係者に差異の発生原因をヒアリングします。実際のデータを見せながらヒアリングができるので、現場が的確な発生要因を説明してくれることが期待できます。

②業務や在庫の管理レベルがわかる

すべての企業が完璧な業務運営をしているとは限りません。大手上場企業でありながら担当者個人が作業を自由に実施し、整理整頓もままならいような工場が見受けられます。一方で小さな町工場にもかかわらず、整理整頓が行き届いている工場もあります。決められた手順通りにコンピュータへの実績入力をしている工場もあれば、実績データを信用できないという工場もあります。

在庫データの数字を見ているだけで、その工場の業務管理レベルが浮かび上がってくることも多いです。

③必要な在庫と余剰在庫を切り分けることができる

「余剰在庫」は、計画よりも属人的な思いが原因で膨れ上がることが多い傾

在庫の役割

在庫が生産活動と販売活動の納期調整用潤滑剤の役割を担う

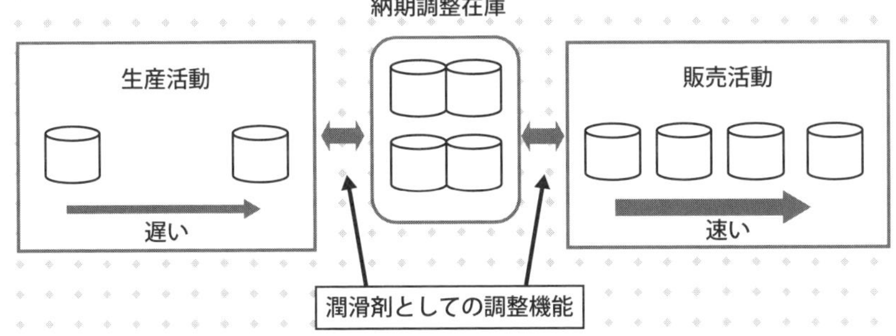

◇販売計画と生産計画の連携がうまくいっていないと、余剰在庫や欠品が発生する
◇在庫計画だけで在庫量をコントロールしてもうまくいかない
◇余剰在庫を特定し、発生原因を分析することでサプライチェーンの課題を明確にできる

主な余剰在庫の発生要因

◇死蔵品状態（設計変更、生産停止、失注など）
◇手配時の見込み違い
◇最低ロットが大き過ぎる
◇リードタイムが長い
◇コンピュータのロジックに問題がある
◇その他

余剰在庫の増加要因を分析して、どうすれば削減できるかを明確にする

向があります。こうした属人的な在庫発生状態を放置したままでは、PSI計画は機能しません。PSI計画の精度向上を目指すのであれば、属人的な在庫を分離することは必須事項です。

余剰在庫はどうやって明確にするのか

余剰在庫分析を効率的に実施するために、筆者が使っている“ほんま式在庫分析表”を紹介します。ほんま式在庫分析表では、現在保有している在庫品目を回転期間と在庫金額の両面から分類し、余剰在庫を明確にするとともに在庫削減目標を導きます。

通常の在庫分析では、在庫回転期間だけで過剰在庫を洗い出します。これだと、万を超える点数の部品が過剰在庫として抽出される可能性があります。過剰在庫の発生原因をすべて分析していると時間がかかるため、在庫金額も多い余剰在庫に絞って原因究明します。

在庫分析表の横系列では在庫（棚卸資産）回転期間の数字で分類し、縦系列では在庫金額で分類します。在庫回転期間の数字は、財務分析で用いる金額ベースの回転期間（＝在庫金額÷月次売上金額）ではなく、数量ベースで計算した回転期間（＝在庫数÷月次出荷数）を用います。

従来の在庫回転分析では、回転率の悪いものすべてを洗い出していたため、原因分析に手間がかかっていました。ほんま式在庫分析表では在庫回転期間に加えて、在庫金額から見ても「多過ぎる在庫」にターゲットを絞り込んだ上で、余剰在庫発生の要因分析をするようにします。

表の縦系列の分類は対象品目単位の在庫の合計金額です。左に行くほど多額な在庫金額を抱えている在庫品目であることになります。

次ページ上表の横系列の分類は、各在庫品目の数量ベースでの回転期間を表しています。下に行くほど在庫回転期間が長くなり、必要数を超えた大量の在庫を抱えていることになります。∞というのは回転期間を計算した期間中に（通常は1年か2年のデータで計算）、まったく出荷がなかった品目です。一般的には、死蔵品か死蔵品予備軍と見なされる品目です。横系列分類を見れば、どの在庫品目が多過ぎる状態にあるかがすぐにわかります。

在庫なしになっているものは、欠品を起こしている可能性があります。在庫なし状態の物品に関しても、在庫がない発生原因の分析が必要です。たとえば安全在庫の設定が間違っていたとか、手配設定に問題があったという内容です。

在庫分析表

			個別品目の在庫金額							
			500万円以上	100～500万円	50～100万円	20～50万円	10～20万円	10万円未満	全体	比率
在庫なし（除く廃番）		品目数							78	10%
在庫回転期間	1月未満	品目数	1	5	2	12	10	34	64	8%
		合計在庫金額	6,776	7,699	1,485	3,697	1,680	578	21,915	3%
	1～2カ月	品目数	2	11	8	8	8	16	53	7%
		合計在庫金額	17,279	25,780	5,551	3,278	1,156	365	53,409	8%
	2～3カ月	品目数		7	8	12	4	12	43	5%
		合計在庫金額		19,436	6,122	4,194	642	198	30,592	5%
	3～6カ月	品目数	5	28	12	19	6	20	90	11%
		合計在庫金額	33,452	70,004	8,334	6,730	899	506	119,925	18%
	6カ月～1年	品目数	3	21	7	20	11	23	85	11%
		合計在庫金額	17,749	42,225	5,076	7,271	1,570	300	74,191	11%
	1年～2年	品目数	4	22	10	8	5	22	71	9%
		合計在庫金額	27,916	49,244	7,350	2,446	835	250	88,041	13%
	2年以上	品目数	10	57	32	27	14	51	191	24%
		合計在庫金額	74,802	136,134	24,670	9,656	2,011	2,038	249,311	38%
	∞	品目数		6	6	7	2	104	125	16%
		合計在庫金額		9,604	3,714	2,041	315	1,016	16,690	3%
	全体	品目数	25	157	85	113	60	282	800	100%
		合計在庫金額	177,974	360,126	62,302	39,313	9,108	5,251	654,074	100%
	累計比率	品目数	3%	23%	33%	48%	55%	90%		
		合計在庫金額	27%	82%	92%	98%	99%	100%		

在庫分析をする目的

◇業務遂行に必要な在庫と余剰在庫を切り分ける
◇販売計画と生産計画の連携が機能しているか検証する
◇計画通りの業務運営が行われているか確認する
◇対象企業の業務や在庫に関する管理レベルを把握する
◇在庫削減の対象品目と削減目標を明確にする

3-2 仕掛品在庫と滞留在庫を管理する

余剰在庫の次に管理すべき在庫が「仕掛品在庫」です。仕掛品在庫とは生産途中段階の製品在庫を指します。工場で製品を生産する場合には、仕掛品在庫の存在は避けては通れません。仕掛品在庫は社内で生産活動をしている限り必ず発生します。

工場の仕掛品在庫は、工場での製造リードタイムと表裏一体の関係にあります。次ページ下図は、流動数曲線という累積数字を使って生産高を管理するためのグラフです。このグラフでは、製造工程への製造投入数と完成数の累積値をグラフ化しています。

グラフでは同じ日の累積投入数と累積完成数の差（縦の関係）が、当該工程における仕掛品在庫量になります。一方で、同じ累積数量の投入日と完成日の差（横の関係）が製造リードタイムを表します。このグラフからわかるように、仕掛品在庫と製造リードタイムは同じ内容を表裏の関係で見たものです。

仕掛品在庫量を管理する

経営数字的な観点で工場活動を評価するには、製造工程の仕掛品在庫量を監視するのがわかりやすいです。対象工程の中や前後に仕掛品在庫が滞留している状態は、製造活動にムラが生じていることを意味します。ムラ発生の原因にはさまざまなものがあります。ムラの代表は工程間の能力バランスが悪いことが多いですが、製造ロットが大き過ぎるような仕掛品の流し方でも発生することがあります。

トヨタ生産方式で使われる「かんばん」は、仕掛品在庫量を可視化して統制するためのツールです。仕掛オーダーとかんばんは1対1で紐づいているため、仕掛品在庫量の上限はかんばん枚数になります。新たに追加「かんばん」を発行しない限り、全体の仕掛品在庫が増えることはありません。

ただし、製造ラインでの生産が平準化していないと、「かんばん」は有効に機能しません。「かんばん」すなわち仕掛品在庫が偏在するようになり、各工程での欠品対応や納期管理が難しくなります。計画変動が激しい工場が「かんばん」を使うと凶器になりやすい、と言われるのはそれが理由です。

仕掛品在庫と滞留在庫の違い

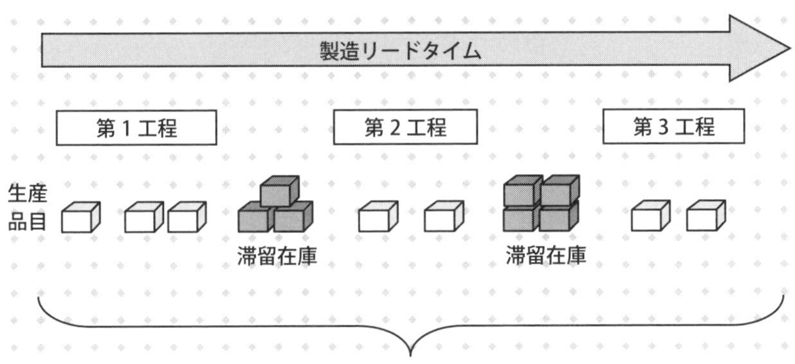

製造リードタイムが長くなると仕掛品在庫も多くなる

流動数曲線における仕掛品在庫と製造リードタイム

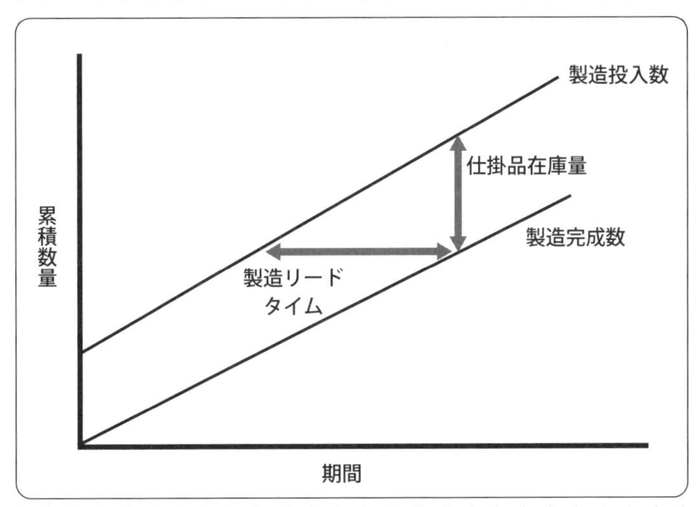

工場の製造現場に出かけて仕掛品在庫量だけを見ても、ムラの発生原因まではつかめません。発生原因に関しては、在庫量よりも製造リードタイムで分析する方がはっきりさせやすいです。

製造リードタイムで管理する

工場の業務改善アプローチのために仕掛品の発生状況を把握したい場合は、仕掛品在庫量よりも製造リードタイム実績を分析する方がより効果的です。製造リードタイムが長くなっているということは、その間に仕掛品在庫が滞留していることを意味します。そこで製造リードタイム分析表をつくり、どこで製造時間がかかっているかを確認します。

最初に各仕掛品の製造オーダーが、各工程でどの程度の時間がかかって処理されて製品になったか、の実績データを比較します。比較するのは、標準リードタイムとして事前設定した標準値（計画値）と実績リードタイム値です。実績値が標準値より大きければ、計画通りの製造が行われていないことになります。

異常なリードタイムの工程があれば、設備故障などの異常発生が心配されます。ただし、通常の工場では工程内の正味製造時間が大きく変動することは少ないことから、リードタイム分析では重視しなくても問題ないようです。個別原価計算では正味製造時間を使って原価を計算するため、製造時間を重視して管理する工場が見られますが、生産計画管理において正味製造時間管理は重要ではありません。

製造リードタイムで重視すべき時間は、工程間に仕掛品が滞留している滞留時間です。製造リードタイムのほとんどが工程間滞留時間と言われています。工場や製品によっても違いますが、多品種加工工場では全体リードタイムの70～90％が滞留時間である工場が一般的です。

筆者は滞留時間割合の概要確認のために、工場で特急製造した場合どのくらいでできるか聞くようにしています。その日数と標準リードタイム日数の差が、平均的な滞留時間です。標準リードタイム1カ月（実働20日）の工場で、特急3日間で製造できるなら85％が滞留時間となります。

工程間滞留時間は、通常は3日以内が一般的です。これ以上の滞留時間があると、工程間に仕掛品在庫があふれます。滞留（待ち）時間には、次ページ下図に挙げたような種類があります。発生要因にもさまざまなものがあり、これらを短縮することで仕掛品在庫を減らすことが可能です。

製造リードタイム分析表の例

製造ロット番号	第1工程		滞留	第2工程		滞留	第3工程		全体日数
	着手	完了		着手	完了		着手	完了	
0001	3月1日	3月2日	3日間	3月5日	3月7日	3日間	3月10日	3月11日	10日間
0002	3月2日	3月3日	7日間	3月10日	3月12日	9日間	3月21日	3月22日	20日間
0003	3月15日	3月16日	1日間	3月17日	3月19日	1日間	3月20日	3月21日	6日間

リードタイム：最大20日間、最小（特急対応）6日間、平均12日間
最大製造時間：2日間、最大滞留時間：9日間

最初に標準リードタイムと比較する
製造リードタイムは必ず分析するようにしたい！

製造リードタイムのほとんどは滞留（待ち）時間

製造リードタイム
- ◇正味製造時間：実際に製造している時間
- ◇計画待ち時間：次の計画期間を待っている時間
- ◇仕掛品待ち時間：製造に用いる仕掛品の到着を待っている時間
- ◇工程待ち時間：製造工程が空くのを待っている時間
- ◇運搬時間：工程間の仕掛品の運搬時間
- ◇段取り時間：機械などのセットアップ時間
- ◇バッファ時間：リードタイム変動リスクに対応するための余裕時間

一般的には製造リードタイムの70〜90%が滞留（待ち）時間と言われる

3-3 在庫計画に基づき在庫を補充する

在庫計画の重要な役割が、誰がどうやって在庫品の予定数量を定め、生産計画手配するかを決めることです。

商品点数が少ない場合は、在庫計画を立案する人が自身で在庫量を決め、在庫品手配することが多いです。しかし、在庫品の点数が多くなると、立案者当人だけでは手配対処ができなくなります。手配の手間の問題もありますが、1人だとどこかで手配の抜けが生じて欠品が出たり、逆に手配し過ぎたりして過剰在庫になる可能性があるためです。そこで、人間が介在しなくても簡単に在庫を手配する仕組みが編み出されました。

発注点方式

発注点方式は、在庫量があらかじめ設定しておいた数量を切った時点で補充手配する在庫補充方式です。仕組みが単純なため広く使われています。発注点は、次ページ上図のような形で計算して設定します。

発注点の式に出てくる安全在庫は、需要変動による品切れを防止するために置いておく在庫です（次項）。発注点は、リードタイムが長いと大きな数字を設定することになるため、一般的にはすぐに入ってくるような納期の短い物品の調達で使います。

発注点方式利用時の発注量は、教科書では「経済的発注量計算式で求める」と書いてあります。しかし、実務では標準的な荷姿に合わせるとか、仕入業者と最低ロット数を交渉して決めるのが普通です。

コンピュータで発注点を管理するのではなく、在庫棚の途中に札（かんばん）をはさんでおき、在庫数がそこまで低下したら札を調達担当に渡して手配してもらう、簡易かんばん方式で在庫補充手配している会社もあります。

発注点方式を簡素化したのが「ダブルビン方式」です。容器を2つ用意しておき、片方の容器の封を切ったら新たな容器に入った物品を手配するように運用します。ダブルビン方式は、ねじなどの細かな部品の手配に用います。

発注点管理の考え方

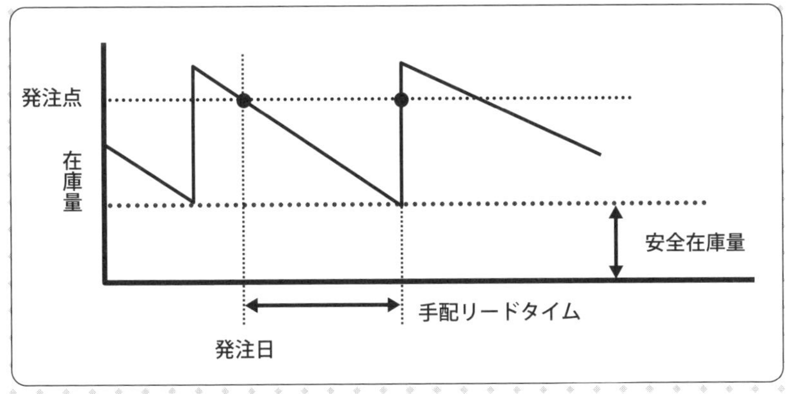

◇在庫が発注点を切ったら在庫補充品を発注する。発注点や注文数はあらかじめ決めておく
◇発注点＝手配リードタイム期間の平均出庫量＋安全在庫量

ダブルビン方式による補充手配方法

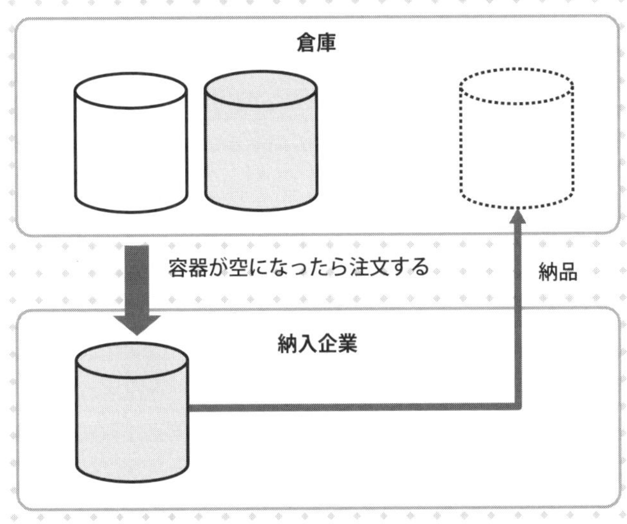

定期発注方式

定期発注方式は発注点管理方式とは違い、発注間隔があらかじめ決まっている場合に用いる方式です。たとえば、毎月末に手配するとか、毎週末に手配するという形です。原則は、その発注間隔内に消費された数量をそのまま補充手配します。

繰り返しほぼ同じ量の物品が消費されているような場合、すなわち比較的に平準化された在庫消費となるようなとき、定期発注方式は有効性を発揮します。

平準化が進めば、発注間隔を考えずに、消費されたらすぐに手配する方法も成り立ちます。これがトヨタ生産方式による「かんばん方式」です。

消費が平準化していないときは毎回の発注量が大きく変化するため、供給側の負担が増大します（かんばんの場合はかんばん数が大きく増減する）。供給倉庫に大量の在庫を置いておくことができれば対応可能ですが、注文品のように毎回手配している製品製造では在庫調整ができずに混乱しやすいです。

定期発注方式は発注間隔の設定に気をつけることが必要です。たとえば1週間のリードタイムがあれば調達できる物品でも、発注間隔を1カ月に設定するとリードタイムは1週間＋1カ月となります。そのリードタイム期間分の在庫（リードタイム期間内の平均出庫量＋安全在庫量）を用意しておかなければなりません。

部品展開方式

部品展開方式とは、製品を構成する部品を効率的に在庫補充するために出てきた考え方です。上記の2種類の方式は、手配する物品の消費量を用いて手配数を算出します。部品展開方式は調達する部品の親製品の生産計画をもとに、子部品の手配計画をつくるのが特徴です。親製品（MRPでの独立需要品目）の製品基準生産計画（MPS）をベースに部品展開計算をして、部品（MRPでの従属需要品目）の必要数を算出します。

展開計算された部品がそのまま手配される単純方式と、同じ時期（タイムバケット）に必要な共通部品は合算され、それに対する在庫補充分だけを設定リードタイムを遡って手配する方式があります。MRP方式は後者です。

MRP方式は計画通りに動けば、最低部品在庫だけで業務運用ができますが、実際にそうした理想的な運用ができる工場は限られます。多くの工場で計画変動や納期遅れにより、欠品発生や余剰在庫発生などの混乱が生じています。

定期発注（在庫補充）方式

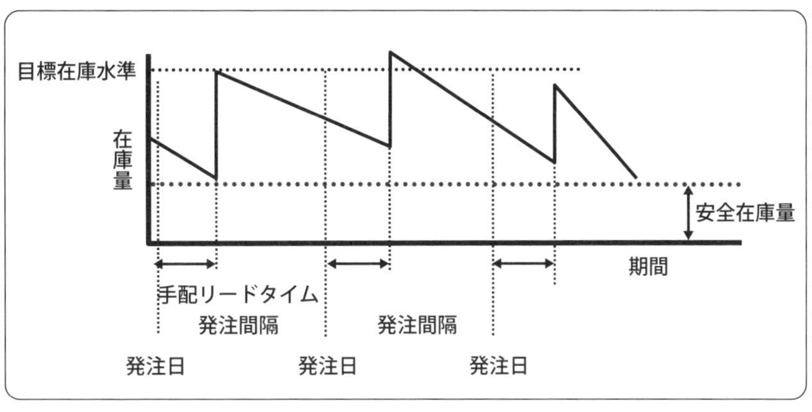

発注日がきたら、発注間隔内に消費された在庫分を補充注文する

部品展開方式

製品の手配計画に基づき構成部品を展開して注文する

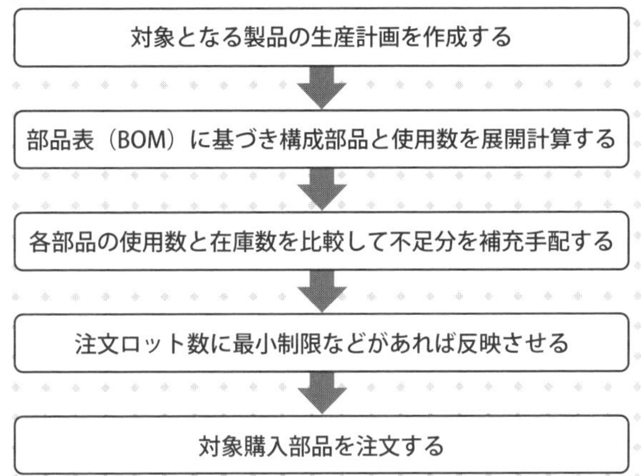

部品展開方式には、単純部品展開方式とMRP方式がある
単純部品展開方式なのにMRP発注と称している生産管理システムもある

3-4 需要変動安全在庫と生産変動安全在庫の違い

在庫計画を考えるに当たって欠かせないのが、安全在庫をどう持つかということです。販売活動も生産活動も常に計画通りに進むのであれば、在庫も計画通りの在庫量を持っているだけで問題ありません。しかし、現実には計画通りの活動が進むことは極めて稀です。少しでも変動が起きると、欠品や過剰在庫が発生するため、在庫活用による補完対策が必要となります。

過剰在庫は企業会計上では問題ですが、顧客に迷惑をかけるわけではありません。しかし、欠品は違います。顧客に迷惑をかける可能性があるのです。そこで、予期せぬ変動が起きても欠品しないように、あらかじめ在庫を用意しておくことが行われます。このために用意する在庫を「安全在庫（Safety Stock）」と呼んでいます。

手配リードタイムが短い物品の場合は、欠品してもすぐに代わりの物品を入手でき、安全在庫がなくても何とかなることが多いです。しかし、ある程度の手配リードタイムがかかる物品の場合は、安全在庫がないと業務が回らなくなる可能性があります。そのため、安全在庫の設定は在庫計画の重要な項目のひとつとなっています。

安全在庫には大きく分けて、「需要変動対応安全在庫」と「生産変動対応安全在庫」の2種類があります。従来の日本の企業社会では、前者の「需要変動対応安全在庫」の管理が重視される一方で、後者の「生産変動対応安全在庫」は軽視されてきました。

需要変動対応安全在庫とは

需要変動対応安全在庫とは、需要側の販売変動対応のためにあらかじめ保持しておく在庫のことです。常に一定のペースで商品が売れている場合は、安全在庫は必要ありません。ところが、何らかの要因により需要のペースが上振れした場合は突然、欠品状態が発生することがあります。それに備えて、用意しておく在庫が需要変動対応安全在庫です。

需要変動対応安全在庫は、安全在庫計算式で必要在庫量を計算できます。安全在庫計算式では、需要変動は正規分布に近い形で発生するという仮定の下

2つの安全在庫

◇安全在庫とは欠品が起きて供給や生産ができないことを防ぐため、あらかじめ用意しておく在庫のこと
◇安全在庫には需要変動対応のための安全在庫と、生産変動に対応するための安全在庫がある
◇需要変動対応安全在庫は安全在庫計算式で統計的に算出できる
◇日本には親会社に従順な下請工場や部品商社が多かったので、生産変動対応安全在庫は軽視されてきた

安全在庫計算式

◆安全在庫量＝安全係数 ×$\sqrt{\text{リードタイム}}$ × 出荷量のバラツキ（標準偏差）
安全係数：2.33（品切れ確率 1%），1.65（品切れ確率 5%）

需要変動対応安全在庫と生産変動対応安全在庫の違い

種類	需要変動対応安全在庫	生産変動対応安全在庫
生産方式	計画生産品で重視	受注生産品で重視
在庫対象部品	基本的には部品構成表にある子部品すべてが対象となる	納期遅れの可能性がある特定部品のみを対象とする
設定目的	親製品の需要変動に対応する	部品の調達リスクに対応する
計算式	安全在庫計算式で計算できる	安全在庫計算式は使えない
数値	最低在庫量で示す	リスク対応期間で示す（何日分）

に、需要変動の偏差計算を用いた統計計算式で計算します。

安全在庫計算式を使った在庫計画でポイントとなるのは、どの程度の欠品発生までは許容するかを示す安全係数と、リードタイムの設定です。リードタイムが長くなればなるほど、安全在庫を増やす必要があります。

生産変動対応安全在庫とは

生産変動対応安全在庫とは、需要の変動ではなく調達先の生産工程や部品会社などに何らかの問題が起きて、予定通りの納期に部品などが納品されない事態に備える安全在庫のことです。予定通りに納品されない要因のひとつは納入業者の納期管理に問題があることですが、それ以外にも製造能力不足や災害、事故などさまざまな要因が考えられます。

生産変動対応安全在庫は需要変動対応安全在庫と異なり、正規分布などの統計的な傾向を持つことは少ないです。そのため、安全在庫計算式による安全在庫設定はできません。

一般的には、どれだけの期間欠品状態に耐えられるかという形の「安全在庫日数」で示すのが普通です。在庫量で表す場合は、安全在庫日数内に消費される予定の数量になります。

今までの日本の企業社会、特に大企業における部品調達では、生産変動対応安全在庫は無視されてきました。生産変動対応安全在庫の存在を考えると、トヨタ生産方式にならったジャスト・イン・タイム調達推進活動に意味がなくなるのではと心配されました。

一方で、安全在庫は自社で持つものではなく、納入業者が用意すべきものと考える購買部門も多数いました。納入業者の献身的な努力を信じ切っているせいかどうかはわかりませんが、安全在庫をまったく用意しない大企業の工場もあります。

近年、こうした考え方に黄信号が灯り始めています。納入業者の納期管理能力が弱体化していることに加え、地震や火災、台風、軍事紛争、感染症、物流混乱などの発生により予定通りに納品されない部品や材料が増えているからです。

さらに、今までとは違って市場で不足がちな部品や材料などは、納入業者が故意に納期調整するケースも出てきています。今までは軽視されてきた生産変動対応安全在庫を、どれだけ持つかという観点での在庫計画の重要性が増しつつあるのです。

需要変動対応安全在庫

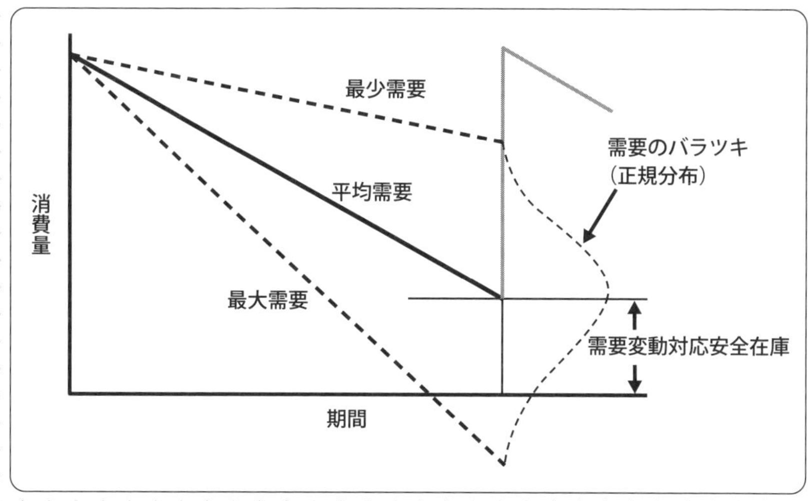

需要のぶれがほとんどなければ安全在庫は必要ない

生産変動対応安全在庫

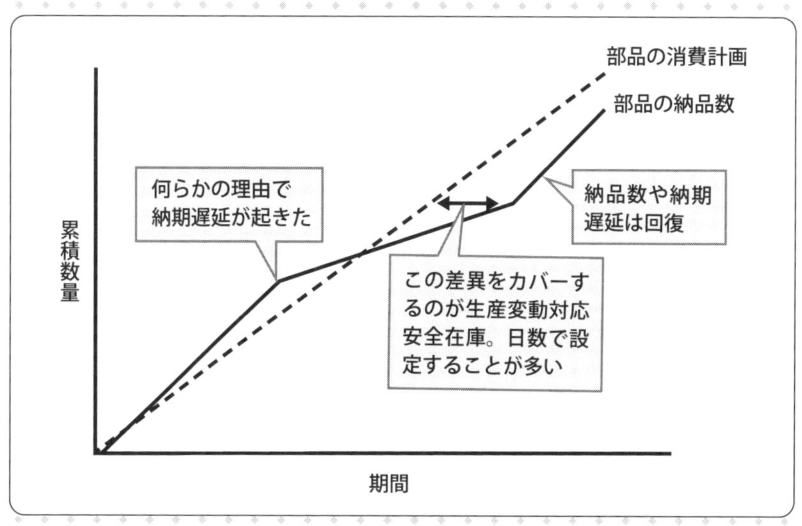

納期遅れが心配される部品だけが対象となる

3-5 生産平準化を念頭に生産計画をつくる

生産平準化を目指す

製品の需要変動により工場の生産量がばらつくと、工場の製造現場をフル稼働状態にすることができません。十分な生産量が確保できない状態と、明らかに能力オーバー状態が続く状態が交互に起きる事態が起こるのです。

製造能力以下の生産量しかない場合は、製造能力を確保するために投資した人件費や設備投資は余分な経費となります。逆に製造能力を超える生産量が入った場合は、注文を断るか外注会社を使わざるを得なくなります。いずれにしろ、本来確保できるはずの利益が確保できなくなるわけです。

こうした問題を起こさずに安定利益を確保するためにも、生産平準化の実現は重要です。トヨタが高収益を挙げられるのは、生産平準化を徹底していることに理由があります。

対象製品の生産を平準化してフル稼働状態に保つためには、在庫生産品を前倒し生産して負荷調整するのが一般的です。在庫生産品とは、ある程度在庫しておいてもいずれはなくなる可能性が高い製品のことで、量産品が代表です。先行生産して在庫しておくことが許される受注製品や、ATO部品保守用の部品なども在庫生産品です。

この調整がうまく働けば工場全体の操業度も上がり、スループットも着実に増えて利益が増加します。ただし、前倒し生産調整を行うと、その分の製品や仕掛品在庫は増えます。

また能力が不足している場合は、納期的に余裕のある受注生産品を後倒しして生産調整することも行われます。

生産平準化の実現に当たっては、工場内の仕掛品在庫調整に頼るだけではなく、顧客や営業に協力してもらうことも大切です。たとえば、営業が管理する商品倉庫にも納期調整用の在庫を置いてもらい、工場はそこの在庫状況や消費状況を見ながら補充生産するような仕組みが考えられます。

この仕組みを支えるために、PSI計画の活用やPSIの監視が重視されるのです。PSIの監視が十分でないとせっかくの調整在庫が不足し、平準化どころではない事態になりかねません。

生産平準化の実現

生産平準化は生産能力を超えたオーダーを前後に倒し、能力内に抑えるために行う
一般的には前倒しが多いが、納期に余裕がある場合は後ろ倒しにすることもある

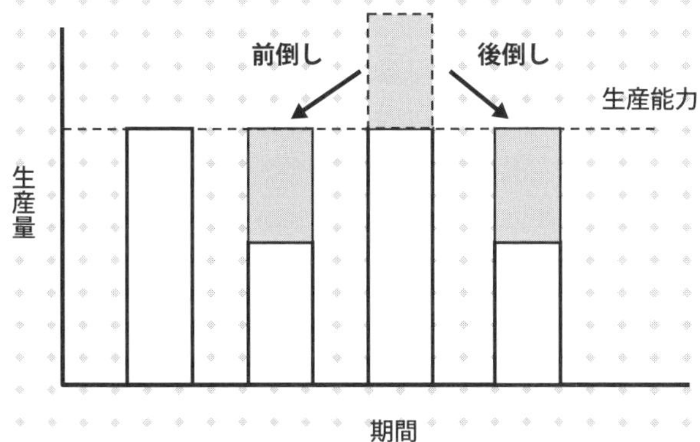

代表的な生産平準化の実現方法

◇営業段階で受注上限を調整し、無理な注文は受けない
◇在庫を使って生産変動を起こさないように生産する
◇全体納期を長くすることで生産変動を調整する
◇納期や数量を調整することで平準化を実現する
◇受注生産品と在庫生産品を組み合わせて生産変動を減らす
◇外注会社を使って内部の生産変動を抑制する
◇ダイナミックプライシングにより需要発生を制御する
◇生産品種を増やさない
◇スケジューラーで生産調整する

在庫生産品と受注生産品を組み合わせる

生産平準化により戦略的に取り組むために、トヨタをはじめとする多くの自動車会社などが採用している生産計画立案策が、受注生産品の生産と在庫生産品の生産を組み合わせて生産するアプローチです。

自動車メーカーの組立ラインでは、国内向けの右ハンドル車が受注生産品になります。受注生産品のオーダーだけでは生産ラインの操業度はぶれやすく、フル操業状態を常に維持し続けることはできません。そこで組立ラインの空いた時間を利用し、在庫生産品である左ハンドル輸出車を生産します。

具体的には先に右ハンドル車の生産計画を策定し、残った生産能力枠に左ハンドル車の生産を投入して、できるだけ平準化した生産をするようにします。こうすることで、生産能力を最大限発揮できるだけの操業状態を維持し、スループットを稼ぐのです。

ダイナミックプライシングを参考にする

平準化の実現は工場内の生産能力や納期調整問題だけでなく、他の業界における利益確保対策としても重要です。製造業界以外では、納期の長短によって価格を変えるアプローチが一般化しています。これを「ダイナミックプライシング」と呼んでいます。ホテルや飛行機、イベントなどでの活用が一般的です。販売価格を調整することにより、繁閑期の稼働を調整して平準化を実現しています。

ところが、製造業界では数量と価格は連動しても、納期と価格は連動しないと思われています。大企業には「納入価格を下げて、納期も短くしろ」という要求を平気で押しつけてくるところもあるほどです。部品会社の製造効率から考えると、この要求はかなり理不尽なものです。本来は納期を長くすることで平準化生産が実現できれば、その分のスループットが上がることで販売価格を安く抑えることができます。これは、発注元の購買原価削減にもつながる話です。

製造業者でもダイナミックプライシングの考え方を取り入れた、平準化の実現を考える時機がきているのではないでしょうか。

在庫生産品と受注生産品を組み合わせる

あらかじめ受注生産品の生産枠を確保し、余った分で在庫生産品の生産を実施して工場の生産を平準化する方法もある

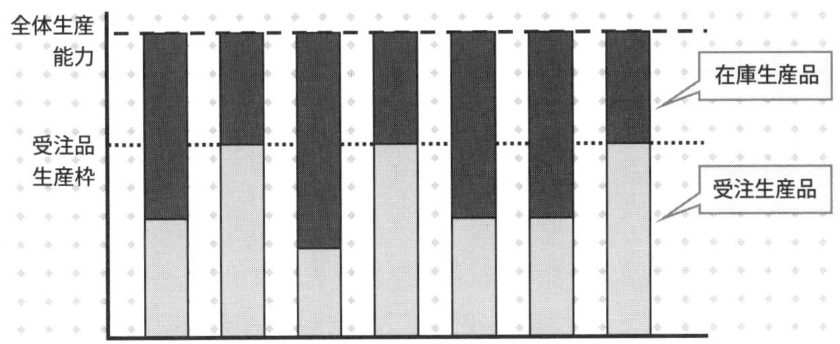

あらかじめ受注生産品の生産枠を確保し、余った分で在庫生産品の生産を実施して工場の稼働率を向上させていく

ダイナミックプライシングの考え方

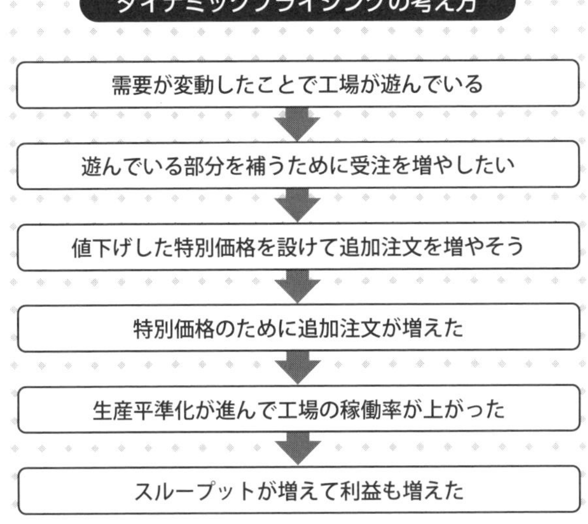

3-6 部材調達計画と製造計画を分けて考える

PSI計画におけるP：生産計画は、対象製品をいつまでに、どのくらいの数を生産するかコントロールするために作成します。

生産計画は、「部品や材料の調達計画」と「製造現場の製造計画」からなります。個別受注生産（ETO）型の製品生産では、さらに「設計計画」が加わります。本項では、調達計画と製造計画の特徴を整理します。

部品や材料の調達計画

工場の生産計画の起点となるのが、製品製造に使う部品や材料を調達するための部材調達計画です。食品工場のように汎用的な材料を常時在庫しておき、それを使って製造するような工場では、調達計画をつくらずに在庫補充することもあります。一般的な工場では、製品製造するための部品や材料の必要数を計算し、あらかじめ調達しておくために調達計画をつくることが必要です。

部材の調達方法には、外部企業から購入するものと、自社の部品工場で加工する場合があります。必要数は、対象製品の部品構成表（BOM：Bill Of Materials）を使って展開計算することで算出します。調達企業には注文書が、部品工場には部品製造指示書が伝達されて製造・納品されます。

汎用部品や繰り返して消費される部品や材料の場合は、調達先企業があらかじめ部材を在庫していることがあります。このときの調達リードタイムは短期間になります。一方でゼロから製造する専用部品の場合は、長めのリードタイム（製造時間）が必要です。

多くの生産管理パッケージが採用しているMRP（資材所要量計画）計算は、部品調達作業の効率化のために開発されました。部品展開計算に、調達リードタイムによる注文時期制御や共通部品手配機能を加えており、手配部品を必要な時期に必要数だけ納入させます。このことで、ジャスト・イン・タイム調達を実現させました。

部品調達計画は、機械メーカーのような組立型製品をつくっている工場では重要な計画です。部品調達計画策定能力や計画実行管理能力の優劣により、工場の業績は大きく左右されます。計画指示通りに部品が調達できればいいです

生産計画の成り立ち

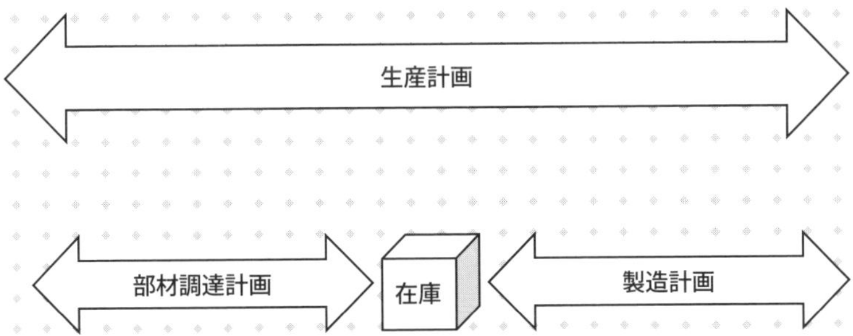

◇多くの組立会社にとっては部材調達計画が重要
◇大型組立会社は部材調達、製造計画ともに重要
◇部品加工会社やプロセス型工場は製造計画が重要

部材調達の流れ

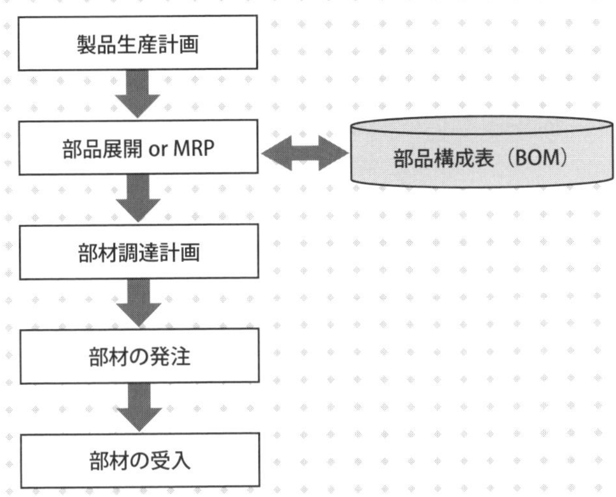

が、欠品や納期遅れが起きた場合は調達計画だけではなく、生産計画やPSI計画全体の変更が必要になることも考えられます。

製造現場の製造計画

金属プレス成形などに代表される部品加工工場では、部材の調達よりも製造現場の工程能力調整や工程進捗管理を司る製造計画が重視されます。当該工場が保有する製造機械や働いている作業員があり余っていれば問題ないですが、通常の工場はそのような状態にはありません。限られた製造能力を使って、いかに効率良く短期間で製品をつくるかが日常的に求められるからです。

こう書くとスケジューラーやAIツールを使えば、簡単に製造日程計画をつくることができそうなイメージがありますが、現実はそう簡単にいきません。日程計算に用いる基準データが整っていない工場では、的確なスケジュール計算することはできないからです。さらに、生産計画変更や材料などの調達遅れが頻発していると、計算通りに製造はできません。

部品加工現場や協力外注工場が、指示通りに製造していない問題にも注意が必要です。たとえば、類似品をまとめて製造したり、短納期品を優先したりして製造するようなことです。日本の工場は伝統的に現場の工夫を強みとしてきたため、計画厳守型の欧米の生産計画システムとは相容れないことがあります。製造計画をシステム化するためには製造リードタイム分析などを行い、現場の運用実態を調査してから適用するのが望まれます。

個別受注生産企業の生産計画

個別注文でつくる大型機械の工場の場合は、「部品の調達計画」「工場の組立計画」に加えて、設計部門の「設計計画」などの計画も一元管理する必要があります。これがプロジェクト計画です。個々の業務の計画策定や進捗管理は上記計画の応用できますが、後工程は前工程の遅れの影響を吸収しなければなりません。したがって、計画対象が増えると管理が複雑になります。

多くの個別受注生産（ETO）企業が、最初の工程である設計工程の遅れに悩まされています。設計部門の問題だけでなく、取引先の仕様変更要望などの要求もあり、計画変更も頻発しがちです。

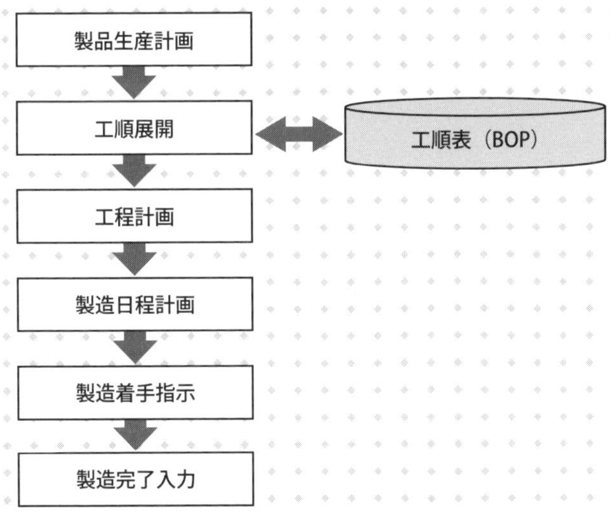
製造手配の流れ
製品生産計画
工順展開
工順表（BOP）
工程計画
製造日程計画
製造着手指示
製造完了入力

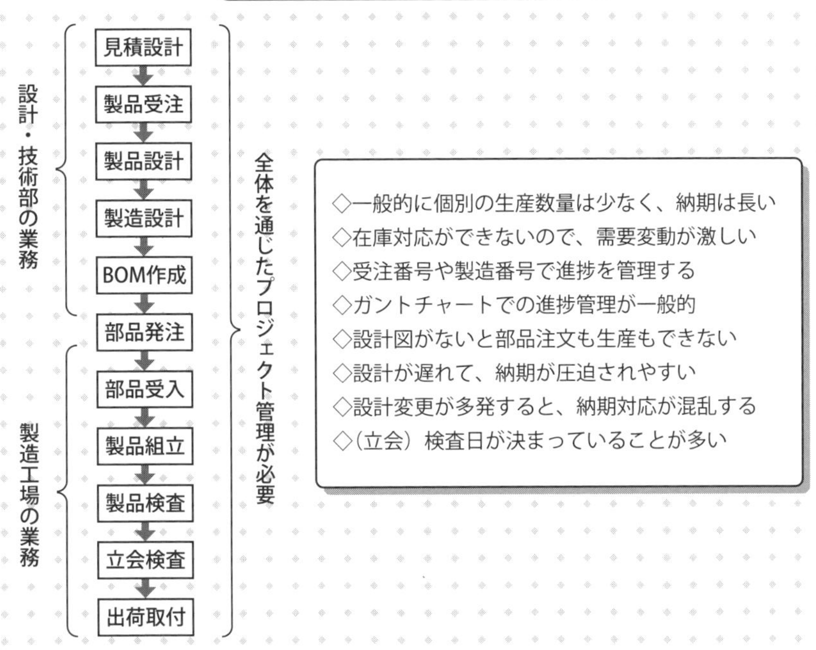
個別受注生産型製品の生産の流れ
設計・技術部の業務
見積設計
製品受注
製品設計
製造設計
BOM作成
部品発注
製造工場の業務
部品受入
製品組立
製品検査
立会検査
出荷取付
全体を通じたプロジェクト管理が必要
◇一般的に個別の生産数量は少なく、納期は長い
◇在庫対応ができないので、需要変動が激しい
◇受注番号や製造番号で進捗を管理する
◇ガントチャートでの進捗管理が一般的
◇設計図がないと部品注文も生産もできない
◇設計が遅れて、納期が圧迫されやすい
◇設計変更が多発すると、納期対応が混乱する
◇（立会）検査日が決まっていることが多い

3-7 製造計画は小日程計画だけつくれば十分だ

日本の生産管理の教科書には、「大日程計画」「中日程計画」「小日程計画」の3段階で日程計画を組むという説明が出てきます。この大・中・小日程計画という言葉が、工場計画の位置づけをわかりにくくしています。

日程計画には2種類の考え方がある

大・中・小日程計画という言葉ですが、筆者の経験では工場によって2種類の使い方があるようです。

①ETO工場での日程計画の使い方

個別受注生産（ETO）工場では、プロジェクトの全体計画を「大日程計画」、設計・調達・生産などの主要工程単位での計画を「中日程計画」、各生産工程での詳細計画を「小日程計画」と称し、3段階の計画を策定してプロジェクト管理します。

ETO工場でのこの日程計画の使い方は全体計画を管理しやすいため、日本のETO工場のプロジェクト管理手法として広く浸透しています。一般的には大日程計画から中日程計画、小日程計画とブレークダウンしてつくります。計画作成ツールとしてはExcelを使ってつくるケースが多いですが、ガントチャートツールを使うこともあります。海外では大・中・小日程計画と呼ばずにプロジェクト計画と呼び、それをブレークダウンして使うようです。

②期間計画としての日程計画の使い方

生産管理の教科書に出てくるのが、年度計画を「大日程計画」、3カ月程度の計画を「中日程計画」、月次計画を「小日程計画」とする形で製造計画を表すものです。大日程計画は月単位、中日程計画は週単位、小日程計画は日単位で管理することが多いです。

日程計画の考え方は、生産手配日に近いほど計画精度を上げる必要があることからきています。生産日までまだ余裕があるのであれば、目安の月単位である大日程計画だけを策定すればいいとの意味になります。

生産管理の教科書では、大日程計画は製造資源や人員の手配、中日程計画は資材の手配、小日程計画では製造指示に使うと記述されています。一見すると

日本の生産管理の教科書に出てくる生産計画の流れ

◆年度計画が主体
◆月単位でつくることが多い
◆経営資源（人、モノ、金）の事前手配に用いる

◆月度計画が主体
◆週もしくは月単位でつくることが多い
◆工場生産を潤滑に行うための準備に用いる
◆資材調達や内示手配の元データとして用いる

◆月間計画が主体
◆日もしくは週単位でつくることが多い
◆現場の製造計画として作成する
◆資材のJIT取り込み指示として用いる

大日程・中日程計画の責任分担が不明確、かつ精度も低くて実務には使えない
日程計画は単に幹部会議をするためだけの形式になっている工場が多い
この考え方は手作業で納期管理をしていた時代の名残と考えられる

大・中日程計画の課題

◇受注生産企業の計画は取引先がつくるため自社でコントロールしにくい
◇経済成長鈍化により、従来のような生産拡大計画は信用してもらえなくなった
◇商物分離により営業による量や納期の調整交渉がしにくくなった
◇取引先からの内示変更対応が計画に対する混乱を生んでいる
◇計画通りに調達資材や外注部品が入ってこないケースが増えた
◇人手不足により計画通りに製造できないことが増えた
◇誰が計画数量遵守責任を持っているのかはっきりしない（特に会議の場合）

日程計画をつくってもその通りになる可能性は低い

よくできた計画管理方法に見えますが、実は大きな問題があります。そもそも大日程計画や中日程計画の数字は、誰がどうやって決めるのでしょうか。ここが曖昧になりやすく、単なる目標数字を大・中日程計画として示すだけになったり、計画変更の発生が止まらなかったりすることになりかねません。そもそも受注生産品や需要変動が激しい製品の何カ月も先の計画を、高精度で策定できるのでしょうか。

大日程計画のみならず、中日程計画ですら計画の精度を高く維持することができない製品も数多くあります。また受注生産や内示生産の製品の場合は、大日程計画や中日程計画は発注元の親会社次第とも言えます。

大・中日程計画は、小日程計画の準備計画としてつくるべきものです。ところが、日本では曖昧な状態の大日程計画を分割して、小日程計画に落とし込むだけの形式的な形でつくることが多いようです。このつくり方では小日程計画にも無理が生じることがあり、現場が計画を無視する要因ともなります。

実際の生産計画策定では、大日程、中日程、小日程などの形で期間を分ける意味はあまりありません。大切なことは、どの時点であれば精度の高い生産計画がつくれるのかを考えて、計画を策定することです。

欧米の生産管理の教科書には、「大・中・小日程計画」という説明は出てきません。生産計画は、計画策定の目的に合わせて「事業計画」「S&OP」「MPS（基準生産計画）」「MRP（資材所要量計画）」「製造計画（CRP）」から成り立ちます。これが本来の生産計画の流れです。海外製ERPシステムを導入するときに、この日本と海外の計画の違いが問題になることがあります。

小日程計画をつくる

3つの日程計画の中で、実用面において重要なのは小日程計画です。通常は工程計画として、対象工程でいつ、何を製造するかを管理します。組立工程では組立計画、加工工程では加工計画と呼ぶこともあります。Excel表を使って、日単位の製造数を表示する形が一般的です。

複数工程が絡む場合はガントチャートをつくって管理したり、スケジューラーを使って計画作成したりします。小日程計画がないと製造現場は何をしたらいいのかわからないため、小日程計画はほとんどの製造工場がつくっているはずです。

欧米企業の生産計画の流れ

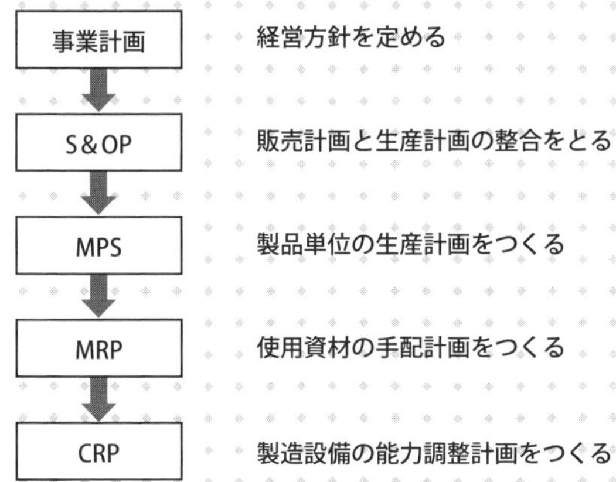

◇この流れが本来の生産計画のフロー
◇各段階の計画責任を明確にして計画精度の向上を目指す
◇受注生産企業では計画変動でうまく機能しないことがある

Excelのガントチャートテンプレート

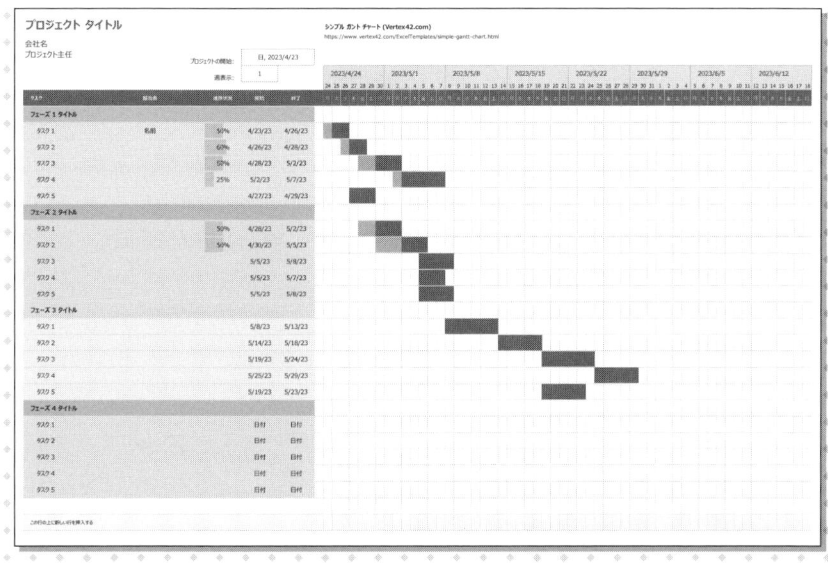

3-8 製造計画はネック工程の利用から考える

ネック工程を管理する

工場が利益を生み出すポイントは、売上の拡大と内製化の推進です。どちらも、工場の生産能力が十分に確保されていないと実現できません。いくら営業部門がたくさん売りたくても、生産能力が不足していれば製品をつくることは不可能です。内製化したくても自社内だけでつくることはできないため、仕方なく外部業者に生産を委託せざるを得なくなります。

しかし、すべての製造工程の能力を強化することは現実的ではありません。製造機械の固有製造能力は異なり、必然的に工程ごとに製造能力はばらつくのが普通です。

スループット会計を生み出したTOC（制約条件理論）では、生産能力問題を次のように考えます。工場内に生産能力のボトルネックとなるネック（制約）工程と、ネック（制約）工程以外の工程がある場合、その工場ではネック工程能力以上の製造はできません。

その工場の実質生産能力は、ネック工程の製造能力が決めることになります。そのため工場の生産能力を高めるためには、ネック工程の製造能力を上げるか、ネック工程をできるだけフル稼働状態にすることが求められるのです。

ネック工程はどうやって見つけるのか

「ネック工程が工場全体の生産能力を左右するのはわかったが、実際にネック工程はどうやって見つけたらいいのか？」という疑問が浮かびます。一般的には、ネック工程の前には処理できない在庫が自然にたまっています。そこで最初に工場現場を見て、仕掛品在庫がたまっている工程を探すのです。

管理レベルの低い工場の場合は、複数の工程前に仕掛品在庫がたまっている可能性があります。そうなると、目で見ただけではネック工程を特定できません。そこで目視確認だけではなく、3-2項でも紹介した「製造リードタイム分析」を行うことを推奨しています。リードタイム分析により、工程が空くのを待つための仕掛品在庫滞留がどこで発生しているかを探します。

製品品種や製造方法が変動したり、生産指示がうまく機能したりしていない

ネック工程とは

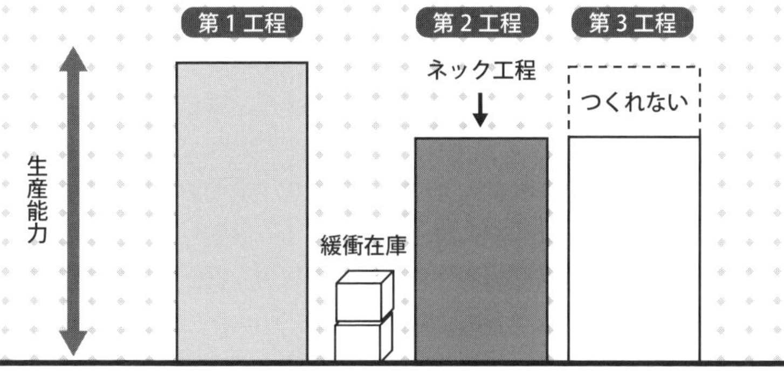

後工程はネック工程（第２工程）以上の生産はできない

ネック工程（第２工程）の前には緩衝在庫を置き、遊ばないようにする

ネック工程以外はロットを小さくすることが多い

TOCの改善アプローチ

1. 制約（ネック）工程を見つける
2. 制約（ネック）工程を徹底的に活用する
3. 制約（ネック）工程以外を制約工程に従属させる
4. 制約（ネック）工程の能力を向上させる
5. 惰性に注意しながら第１ステップに戻る

ような工場では、ネック工程が頻繁に移動することがあります。特にフル稼働状態の工程がいくつかある工場では、生産変動によって工場内の至る場所に滞留在庫があふれていることが多いです。

TOCでは、ネック工程が見つけにくい工場の生産計画をつくる際には、ネック工程を見つけるのではなく、わざとネック工程を設定するように提言しています。他の製造工程の生産は、わざと設定したネック工程に同期させるように計画コントロールするのです。

ただし、ここで気をつけたいポイントがあります。ネック工程の製造能力に関しては常に100%ではなく、若干の余裕を持って製造できるようにしておくことです。100%稼働の場合は生産変動時にピーク部分の積み残しが発生し、かえって生産が混乱することがあるためです。

緩衝在庫を置く

工場の生産能力が十分にあったとしても、その生産能力を最大限に発揮して操業度を上げるような生産統制が行われていないような状況では、スループットも利益も増えていきません。たとえばネック工程に十分な製造能力があったとしても、ネック工程の製造対象物が届かなければ製造作業はできないからです。そのため、ネック工程の前に緩衝用の仕掛品在庫を置くことで、ネック工程が遊ばないようにします。緩衝在庫は安全在庫と同じ意味です。

日本の工場には、「在庫は悪」と思い込んでいる経営者や管理者がいます。彼らの指示で、ネック工程を稼働させるために必要な緩衝在庫（安全在庫）までも減らしてしまおう、とする工場があります。最近の半導体部品不足問題でも、この緩衝在庫の不足がクローズアップされており、緩衝在庫の統制が重要になってきているのです。

社内の仕掛品在庫とともに重要になってきたのが、外注会社が持っている仕掛品在庫や部品在庫です。外注会社が保持する在庫が不足することで、生産が滞る事態が急増しています。PSI計画では、商品のサプライチェーンのみならず外注会社の仕掛品在庫管理も必要です。

外注会社在庫には、外注会社への発注元が手配して外注会社に供給する「支給品在庫」と、外注会社が自ら調達する「自社調達品在庫」があります。

ネック工程を見つける方法

◇ネック工程の前には仕掛在庫がたまりやすい
◇ネック工程はフル稼働状態になりやすい
◇ネック工程の前の滞留時間は長くなりやすい
◇ネック工程は現場作業員が感覚的に把握している
◇ネック工程は他工程よりも処理時間が長いことが多い
◇ネック工程の処理は大量バッチ処理であることが多い
◇特定工程をあえてネック工程扱いにして計画を立てる

稼働率100%の課題

稼働率 100% の場合は 1 月で減少した分を挽回するのが難しい

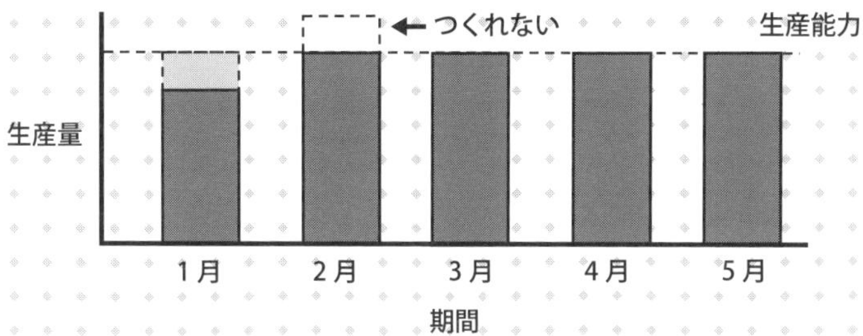

稼働率に余裕があれば、1 月で減少した分を挽回生産することが可能

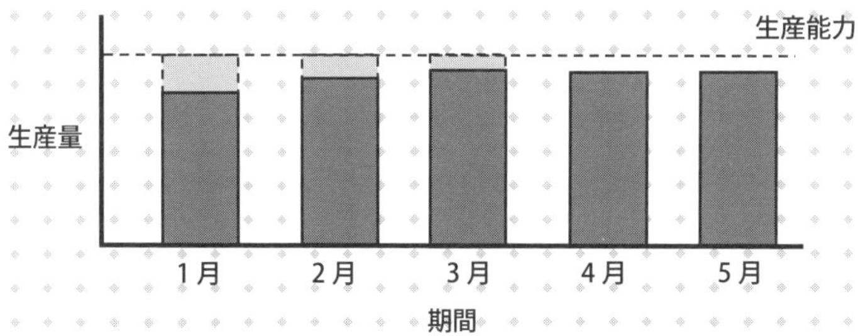

3-9 部品が要求納期に入ってこない

下請会社に甘える調達活動

従来の日本のSCMでは、計画変動は営業部門の販売計画に問題があると考えるのが一般的でした。ところがここ数年で、その問題認識は大きく変化しました。

現在は販売計画だけではなく、調達納期の変動も大きな問題となってきています。調達指示納期通りに部品や材料が入ってこないことから、生産計画通りに製品が生産できない工場が増えています。その代表が、2022年の半導体部品不足によって計画通りの生産が行えなかった自動車や電気分野の製品です。

かつての日本の購買手配には、パワハラ気質が広く蔓延していました。親会社の大企業が、下請部品会社に対して厳しい購買要求を突きつけることも多かったのです。無理なお願いをするわけですから、本来は先方に足を運ぶのが礼儀であるはずなのに、平気で下請会社の責任者を呼び、有無を言わせず一方的に要求を突きつける購買部門もありました。まさに、小説「下町ロケット」の世界です。

下請会社の方も、取引がなくなることを恐れて、親会社の要求に渋々従っていました。「無理な要求への対応力が自社の強み」などと誤解し、苦労して対応に取り組んでいる下請会社も多くいます。この点は、海外企業のドライな取引対応とはかなり違うようです。

日本企業のこうした献身的な努力は素晴らしいことですが、それに過度に甘えている親会社がいることは残念です。たとえば、旧来の考え方の延長から下請会社が注文納期を遅れて納品してくることなど、夢にも思っていない大企業購買担当者も少なからずいます。また、品質チェックが甘い部品が納入されることなどを想定していない工場も見られます。

日本の下請会社の献身的な努力が、日本の効率的な生産体制を支えてきたことは言うまでもありません。「ジャスト・イン・タイム（JIT）調達」「納品時のノー検品」「ライン直接納入」「ラフ図面や図面なしでの加工注文」など、日本国内での企業取引だからこそ実現できた慣習も数多く残っています。「内示情報による手配」もその代表です。

部品会社の変化

今までの部品会社に対するイメージ

◇部品会社は納期を守ってくるのが当然
◇部品会社が生産を断ってくることはない
◇代替部品会社はいくらでも見つかる
◇納期が厳しければ部品会社が在庫しているはず

↓

現在の部品会社問題

◇人手不足は大企業よりも中小の部品会社の方が深刻
◇リストラによって急な発注への対応力がなくなっている
◇安定発注がなければ経営が維持できない
◇部品会社の経営者は常に廃業や転売を視野に入れている
◇技術力のある部品会社は強気の交渉をしてくる

部品会社の納期遅れで工場がストップする事態が起きている

部品の納期遅れが起きるとどんな問題が起きるのか

ジャスト・イン・タイムブームで部品在庫を削減した
↓
人手不足などにより部品会社の製造能力が低下した
↓
今まではなかった部品の納期遅れが発生した
↓
代替部品会社を探したが見つからない
↓
当該部品を使っている製品がつくれない
↓
当該製品の生産を止めるしかない
↓
同じ製品に使う部品が滞留して置き場がない
↓
他の部品会社の生産や納入を待ってもらう
↓
部品会社の経営が悪化する可能性がある

要求納期に部品が入ってこない

日本の製造業界を取り巻く状況が大きく変化してきています。部品会社から構成部品が手に入らず、製品製造できない大工場が続出しているのです。電子部品で顕在化したブルウィップ効果の発生のみならず、人手不足問題による納期遅れや品質不備が深刻になりつつあります。

感染症や災害、軍事紛争、政治対立などの地政学的リスクも増大し、日本がダメなら海外から調達することなども難しくなりつつあります。中小企業の自主廃業も相次ぎ、代替業者を探すことが困難な状態です。

購入部品や材料が入ってこないから、と前月末につくった製造日程計画も守れず、生産計画変更を余儀なくされるような状態の大企業の工場もあります。

JIT調達にこだわる工場では、前月の生産計画に基づいて部品会社に出した内示情報を、納入日直前になって減らしてくるなどの事態も起きています。下請取引法違反が疑われるような話ですが、下請会社も仕事をなくしたくないため従っているのが実状です。

内示数字がおかしい

次ページ下図は、ある大手工場の内示数と注文数の推移を示したものです。このグラフを見ると、一貫して内示数字よりも注文数字が下がっていることがわかります。下請会社側がこの内示数字を信じて生産した場合、在庫の山になってしまいます。しかも、下請会社の生産能力を大きく超える生産量の内示数が出ている月もあり、下請会社はどのように対処すればいいかわからなくなります。

なぜ、こうした内示数が出るのか確認すると、経営者が部品不足で生産できなかった分を、翌月に挽回生産するように指示してくることが理由だそうです。その指示の背景にはすでに多数の製品受注が入っていて、営業現場には受注残がたまっていることもあります。

しかし、部品が入手できないのであれば、どんなに強気の販売計画や生産計画を策定しても、製造現場がつくれないことに変わりがありません。つくれないからと計画変動に振り回される自社の製造部門もそうですが、内示通りの注文があるかどうかわからない状態に追い込まれている下請部品工場は、たまったものではないのです。

部品会社の納期遅れ理由の例

◇製造工程の生産能力が足りなかった
◇部品や材料が納期に入ってこなかった
◇製造現場の人手が集まらない
◇生産計画や生産手配に不備があった
◇製造進捗管理が十分にできていなかった
◇不良品が生じて納品できなかった
◇災害や事故が起きて工場や物流がストップした
◇情報システムが止まって生産できなかった
◇先行部材手配のための資金が足りない

ある会社の内示数量と実績数量の変動例

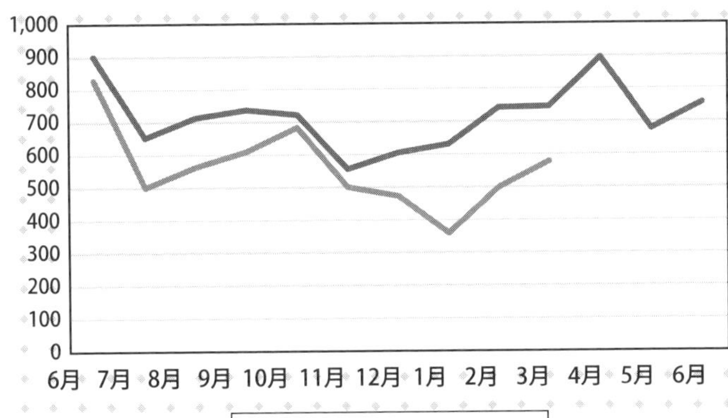

◇部品入手難で内示通りの生産ができない状態が恒常化している
◇在庫削減を推進してきたために、生産変動がそのまま内示変動につながる
◇受注残は増えているので、挽回生産しようとして生産計画（内示）は大きくなる

column

20XX年が迫っている

「20XX年問題」という言葉を耳にしたことはありませんか。有名なのは「2000年問題」です。コンピュータの内部カレンダーが2ケタで動作するため、2000年にコンピュータが誤動作するという話でした。この対策として、基幹業務システムを入れ替えた企業が現れたものの、2000年を迎えて社会全体で大きな混乱が生じることはありませんでした。

続けて「2007年問題」が挙げられます。2007年に団塊世代が一斉に定年退職し、急激な人手不足が起きるというものでしたが、雇用再延長の拡大などで危惧された人手不足は起きなかったのです。

20XX問題は、コンピュータシステム問題と人材問題で騒がれることが少なくありません。どちらも、前もって予測しやすいところからきています。しかし、予測しやすいということは、事前に本当の困り事を回避する術が考えられていることも意味します。そのために20XX年になっても大きな問題は発生せず、いつの間にか時が過ぎることが通常です。

20XX年問題を、商売に利用する企業も見られます。それが、世の中に20XX問題のリスクを煽っている傾向もあります。現在騒がれているのは、2024年にトラック運転手の労働時間上限設定による物流混乱が予想される「2024年問題」と、2027年にSAP社のERPのサポート期限が切れる「2027年問題」です。これらは、今後どのような展開を起こすのでしょうか。

第4章 計画を無視する現場を放置しない

近年の日本の製造業界では苦労して生産計画を立てたのに、工場や協力会社が計画通りにつくってくれないという事態が生じています。これでは、SCMどころではありません。なぜ、工場は計画通りにつくれないのか、どうすれば計画通りにつくることができるのかなど、計画遵守を阻害している要因に迫ります。計画通りにつくれない要因にはさまざまなものがあります。感染症や災害、国際紛争など当該企業関係者だけでは解決しにくい外乱要素もありますが、当該工場やサプライチェーンの関係者に責任がある問題も実は少なくないのです。

4-1 工場関係者が生産管理の勉強をしていない

日本でPSI計画が掛け声倒れに終わるのではないか、と言われる要因のひとつに、日本の製造業界全体に広がる「勉強不足」があります。日本の製造業関係者には、企業経営に欠かせない「企業会計」「マーケティング」「生産管理」などの基礎理論を学んだことがある人がほとんどいません。高校や大学でも、そうした講義がある学校や学部は限定的です。

経営理論に興味のある人が、社会人になってから独学で勉強することが多いですが、経営理論を勉強しなかったので出世しないということはありません。これが、MBA学位取得経営者中心の海外企業と大きく違うところです。

「企業会計を学んだことのない企業経営者」「マーケティング論を知らない営業担当者」「生産管理用語を知らない工場関係者」ばかりが目につく大企業は実は多いのです。

工場の生産計画（管理）担当者になって、初めてSCMや生産管理に関する理論の勉強不足に気づく人も少なくありません。筆者は研修会社や企業研修による「生産管理システムの使い方研修」を実施していますが、大手企業を中心に250社以上の方に受講いただいています。受講者のみなさんに話を聞くと、揃って「生産管理の勉強をする機会がなかった」と言われます。勉強不足状態の日本企業の計画担当者が、PSI計画を駆使して物品供給をコントロールしていこうとしても無理があります。経営者がヨコ文字だらけの理想論を振りかざすコンサル会社に振り回されても、工場は反論できないのです。

日本の製造業にはびこる誤解に注意する

本書のテーマであるPSI計画の最終目的は、効率良く製品を生産して市場に供給することです。それを実現するためには、経営管理や生産管理に関する正しい理解が欠かせません。日本の製造業者にはびこる代表的な誤解をいくつか紹介しておきます。

①製造原価を下げれば企業利益が増える

日本の製造業経営で最も注意すべき誤解です。詳しくは、前著「誰も教えてくれない『工場の損益管理』の疑問」をご参照ください。製造原価を下げただ

工場経営のために学ぶべき基礎知識

項目	学習目的	注意点
企業会計	企業が利益を上げるためには何をすべきかを理解する 会計処理の不正を起こさないためにも重要	個別原価削減至上主義に陥らないように注意する
マーケティング	自社の営業戦略の特徴と工場がバックアップすべき内容を理解する	マーケティングを単なる販促活動と軽視しない
生産管理	自社製品の生産の流れに対して工場スタッフが管理すべき内容を整理する	生産管理システム導入作業と現場改善活動に偏らないようにする
SCM	自社製品のサプライチェーンの流れを整理する	販売SCMだけでなく調達SCMも対象にする

工場関係者が生産管理の勉強をしていない

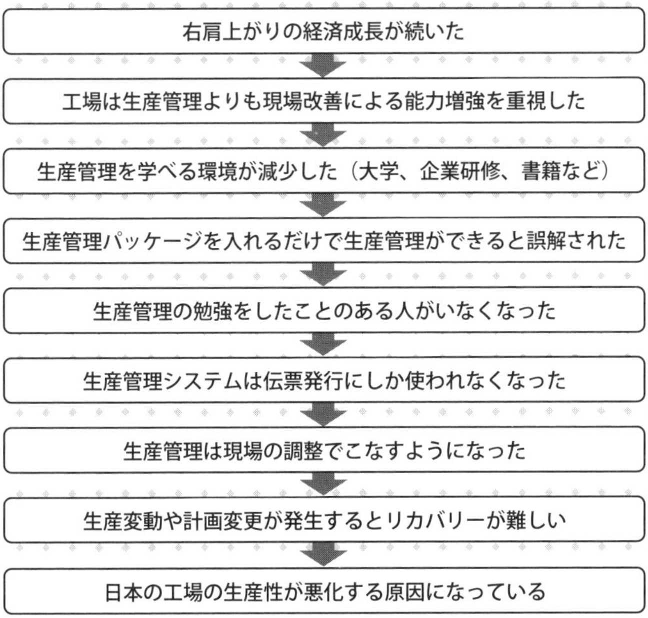

右肩上がりの経済成長が続いた

↓

工場は生産管理よりも現場改善による能力増強を重視した

↓

生産管理を学べる環境が減少した（大学、企業研修、書籍など）

↓

生産管理パッケージを入れるだけで生産管理ができると誤解された

↓

生産管理の勉強をしたことのある人がいなくなった

↓

生産管理システムは伝票発行にしか使われなくなった

↓

生産管理は現場の調整でこなすようになった

↓

生産変動や計画変更が発生するとリカバリーが難しい

↓

日本の工場の生産性が悪化する原因になっている

けでは利益は増えません。工場利益は、当該工場の生産高（正確には付加価値）を増やすことで得ることができます。コストダウン（原価削減）活動のために生産管理システムを強化する工場がありますが、コストダウン活動は利益創出には直接的には関わってこないことへの注意が必要です。原価計算へのこだわりは、現場の生産管理システム活用に対する障害になることもあります。

②利益創出の基本は安い外注会社を使うこと

コストダウン活動だけでは利益が創出できないため、国内外の安い単価の外注会社を使う企業もいます。しかし、これも間違いです。外注会社を使えば、外部流出が増えてスループットは低下します。利益は上げるには、内製化推進の方が効果があります。

③在庫を減らせばいいというものではない

トヨタ生産方式の「在庫は悪」というイメージからか、とにかく在庫は減らせと指示する製造業経営者がいます。しかし、在庫が持つ生産活動と販売活動のスピードを調整するための緩衝材としての役割は非常に重要です。在庫をなくしてしまうと、物品の供給がうまく回らなくなる恐れがあります。

④製造リードタイムを短くするために製造時間を短くする

日本の工場では、製造リードタイム短縮のために実製造時間を短縮することに注力する工場もあります。それが効果を発揮するのは、小企業のような単品種型か単工程型の工場の話で、多品種・多工程型の工場には当てはまりません。

こうした工場の場合、正味の実製造時間は製造リードタイム全体の10～30%程度しかないのが普通です。残りの時間は機械が空くのを待っている待ち時間や、仕掛品が途中工程で滞留している滞留時間です。リードタイム短縮の基本は待ち時間や滞留時間をいかに小さくするかにあります。

稼働率は100%にすればいいのか

現場改善活動に力を入れ過ぎると、製造工程の稼働率を100%に近づけようとします。このアプローチは生産変動がほとんどない場合はいいですが、3-8項でも紹介したように少しでも生産変動があると、混乱を増幅させる場合があります。

現場に稼働率目標を課している製造工場で、この問題に遭遇しているケースに直面します。工場にとって望ましいのは、90%程度の稼働率で生産が平準化している状況です。

日本の製造業者にはびこる誤解

◇個別製品の製造原価を下げれば企業利益が増える
◇利益創出のためには安い外注業者や海外を使った方がいい
◇在庫はできるだけ減らすのが望ましい
◇製造時間を短くすれば製造リードタイムも短くなる
◇稼働率 100%にすることで生産性は向上する

↓

これらの誤解を放置したままでは、計画策定や効率的な業務運営は難しい

↓

生産管理システム活用研修への参加（研修会社、企業研修）

生産管理システム活用研修カリキュラムの例

1　こんな生産管理システムではダメだ
- 1.1　経営者からムダ金使いと言われている
- 1.2　伝票発行機としてしか使われていない
- 1.3　実績収集の手間が現場の不満を生んでいる
- 1.4　減らすはずだった在庫が増えてしまった

2　何のために生産管理システムを入れるのか
- 2.1　間接要員の事務工数を削減する
- 2.2　コストを削減して利益を増やす
- 2.3　リードタイムを短縮して在庫を減らす
- 2.4　生産の平準化を実現して生産性を高める

3　MRP ロジックが業務のムダを生み出している
- 3.1　大半の生産管理パッケージは MRP で動いている
- 3.2　欧米企業は MRP を MRP II へ進化させた
- 3.3　MRP の弱点を MES（製造実行システム）でカバーする
- 3.4　MRP の救世主スケジューリングシステムも万能ではない

4　生産管理システムを宝の持ち腐れにしないために
- 4.1　生産管理パッケージ利用の利点と留意点
- 4.2　現場を巻き込んで効果を生み出すための秘訣
- 4.3　システム自体よりもマスター管理が重要
- 4.4　ジャスト・イン・タイムからジャスト・イン・ケースへ

4-2 現場が計画を無視してつくっている

企業が計画を使って業務運営する場合の最大の課題は、どうすれば実務現場に計画通りの業務運営をしてもらうかです。これは、PSI計画にも当てはまります。

販売計画の場合は、商物分離の進展によって営業部門と販売物流が切り離されるようになりました。そのため、物流品質に大きな問題のある物流業者を使わない限り、現場が勝手にモノを動かすことはほとんどなくなりました。また、小売店の店頭での在庫計画差異は経理的な不正や窃盗などの事件につながりやすく、量販店などの防止対策も強化されています。

工場の生産計画では、製造現場が計画を無視することはよくあります。工場では、部品が揃ってさえいれば、とりあえずつくってしまうことが簡単にできます。そこで工場でよく問題になるのは、現場からの要請で将来の生産計画を開示したところ、現場による独自判断が増えてしまったという話です。

特に、熟練工が揃っている工場現場ほど独自判断による先行生産を誘発しやすく、計画を無視してつくる問題が深刻化しがちです。トヨタ生産方式のジャスト・イン・タイムのルーツもこの問題を防止することが発端になっています。工場現場が計画を無視すると、どのような問題が起きるか紹介します。

製造順が変わってしまう

熟練工が多い現場で問題になりがちなのが、製造現場が生産管理担当者や生産管理システムからの指示を無視し、製造順を入れ替えて製造することです。入れ替える理由にはさまざまなものがあります。

「同じような製品はまとめてつくる」「段取り替えの少ない順でつくる」「納期が迫っている製品からつくる」「簡単なものからつくる」「難しいものからつくる」「部品が揃っていることが現場で確認できたものからつくる」などです。

順序変更は、計画作成者にとっては最も避けたい事象です。現場が独自の判断で順序変更をすると、計画作成の意味がなくなってしまうからです。さらに、計画変更が生じたときのリカバリーが簡単にできなくなります。これを防ぐために、現場にはあえて先の生産予定や納期（工程納期、完成納期、納品日

日本の工場に多いマニュアルな製造指示

納期調整役が工場内を回って加工部品の製造進捗を確認する

製造現場の班長とその日に製造するものを調整する

翌日に製造するための加工部品を前の晩に確認する

要求納期に遅れそうな加工部品や購入部品に督促を出す

遅れそうな製造オーダーに特急対応指示を出す

生産実績記入表を収集してコンピュータに入力する

工場の製造現場で起きやすい問題事例

◇別のオーダー番号の伝票を先に処理していた
◇製造指示が放置されデータ入力が忘れられていた
◇現場が製造指示を無視して勝手に製造順を変更していた
◇不良品、製造停止品などの処理が適切に行われていなかった
◇特急品優先が増え過ぎて、通常品が後回しになっていた
◇複数工程の同期対策が不十分であった
◇外注会社や部品会社の納期遅れが急に増えた

これらの問題をなくさないと、生産計画は機能しない

など）を教えない（製造指示書に印字しない）こともあります。

ただし日本の工場では、製造判断による製造順調整をなくすことが難しいことも事実です。そこで、現場が勝手に製造順を変更したとしても、生産管理部がタイムリーに進捗情報を把握することが欠かせません。

生産伝票を紛失した

上記で進捗情報の把握が大切と述べましたが、それを支援するのが生産管理システムです。現場が強い工場では、生産管理システム自体の運用もないがしろにされる傾向があります。たとえば、コンピュータが発行した製造指示書や現品票が乱暴に扱われているなどです。

「対象伝票を間違えて実績を入力した」「伝票を紛失した」「伝票が汚れたのでシステム入力を諦めた」「伝票処理は後回しにした」などが多発するようでは、タイムリーな進捗管理は行えません。

自動化工場のように、完了実績を入力しないと次の工程に仕掛品が移動しないという仕組みを入れられればいいですが、人間が仕掛品を動かしている製造現場では簡単に制御できません。

仕方なく若手の生産管理担当者（納期調整役）が工場内を飛び回り、仕掛品（現物）の動きで進捗や滞留を管理して回るような工場も存在します。また実績データが不正確だと、新しく計画をつくったり、改善活動をしたりするときの参考データとしても使えないことが大半です。

保管場所に仕掛品がない

工場において最も深刻な問題を起こすのが、仕掛品の現物がないのでつくれないという事態です。システム上の仕掛情報と仕掛品の実態が合わないと、工程に対して製造指示を出しても現物がないため製造できません。

工程間の仕掛品保管場所における仕掛品の移動ルール管理がはっきりしていないと、この問題が生じます。たとえば、現場が間違えて別の仕掛品を使って製造した、あるいは後から使うロットの仕掛品を先に使ったことなどが考えられます。ロット順の間違いは、製品を完成させるだけであればそれほど大きな問題にはならないため、現場は間違えてもあまり気にしないかもしれませんが、生産管理面や品質管理面から見ると大問題です。

納期調整役のマニュアル管理の何が問題か

◇目の前の問題の解決優先で発生原因究明がおざなりになりやすい
◇暫定対応が他の問題発生を誘発する可能性がある
◇部分最適がはびこり、全体最適の観点から見ると問題が多い
◇コンピュータからの指示内容との乖離が放置されやすい
◇他者からは何が起きているかを把握しにくい
◇担当替えがあったときに同じ対応をとることが難しい
◇自身の向上心や改革志向が低下しやすい

主な滞留の発生要因

工程が空くのを待っている	製造能力が不足している場合や製造ロットが大きい場合に、製造工程が空くのを待つために滞留が発生する。能力不足は製造機械だけではなく金型や治具が不足しているとか、作業員が不足していることもある
仕掛品や部品が届かない	製造工程は空いているが、材料や部品がすべて揃わないので製造ができない状態も滞留が起きる。調達納期管理に問題があるケースが多い。海外生産や海外調達部品などは、物流期間が長いため納期に届かないこともある
現場が製造の順番を変えている	製造現場が勝手に製造する順番を変えている。要因としては、まとめてつくった方が製造効率を高く保てる、要求納期の迫っているものからつくる、つくりやすい製品からつくるなどがある
余裕時間をとり過ぎている	もしもの事態に備えて、作業指示時間に余裕を持たせている。順調に進んでいる場合は、その余裕時間が滞留を生み出す可能性がある
標準リードタイムが長過ぎる	納期遅れが多発している工場で標準リードタイムを長くとり、早い段階で製造開始している。それが工程間で滞留を起こしている

4-3 製造効率を高めただけでは生産性は向上しない

日本は生産が低いので取り残される

「日本企業は海外企業に比べて労働生産性が低く、向上させる必要がある」とは、マスコミを通してよく聞かされる話です。これを受けて、「生産性向上のためにPSI計画システムを整備する」ことを表明する企業も増えています。それでは、生産性とは何を表しているでしょうか。本項では、PSI計画と生産性向上の関係を整理します。

生産性とは

生産性という言葉を使う前に注意すべきことは、「生産」という言葉の定義です。ほとんどの製造業関係者は生産と言うと、「工場で製品をつくる」ことと考えるでしょう。

ところが、生産性の「生産」の意味はこれとは違います。生産というのは経済用語で、「付加価値」のことを意味します。付加価値とは、外部から調達した金銭的価値と外部に提供した金銭的価値の差のことで、TOCにおけるスループットとほぼ同意です。

付加価値は、工場が製造して販売するだけではなく、小売店での接客やサービス産業でのサービス業務などでも得ることができます。付加価値を生産と表現する場合も同じです。生産は付加価値同様、工場だけでなく、流通業者やサービス業者の経営にもついて回ります。

「付加価値＝生産」の最も代表的な使い方が「GDP（国内総生産）」の「生産」です。GDPは、日本経済の成長などを表す言葉としてよく使われますが、企業が日本国内で稼いだ付加価値の総和を表します。国民や企業が消費した付加価値総額とも言えます。日本全体の工場生産額の総額ではありません。

「生産性」とは、単位当たりの付加価値としての生産を表した言葉です。代表が「労働生産性」です。これは企業が稼いだ付加価値を、労働者数もしくは勤務時間で割って求めます。労働生産性が高い企業は、効率良く付加価値を稼いでいることになります。

労働生産性の中から労働者の人件費に還元された金額比率を、労働分配率と

製造効率の向上と生産性の向上

$$製造効率 = \frac{単位時間当たりの製造数（製造時間）}{製造人数}$$

向上

工場主体での推進が重要

- ◆直接作業員の能力向上
- ◆現場改善活動
- ◆高速設備の投入
- ◆自動化の推進

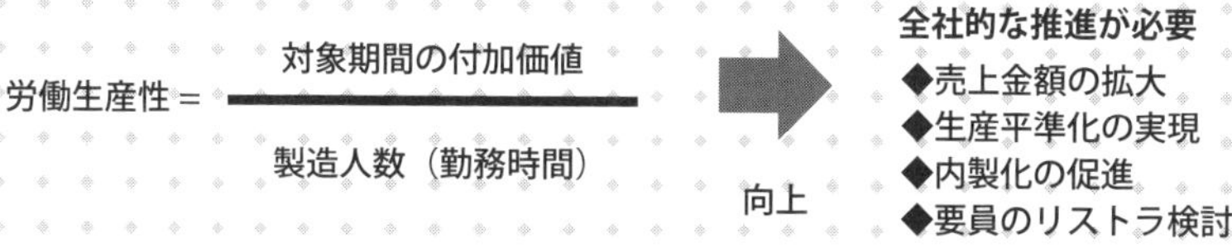

生産性が高まらないとGDPは増えない

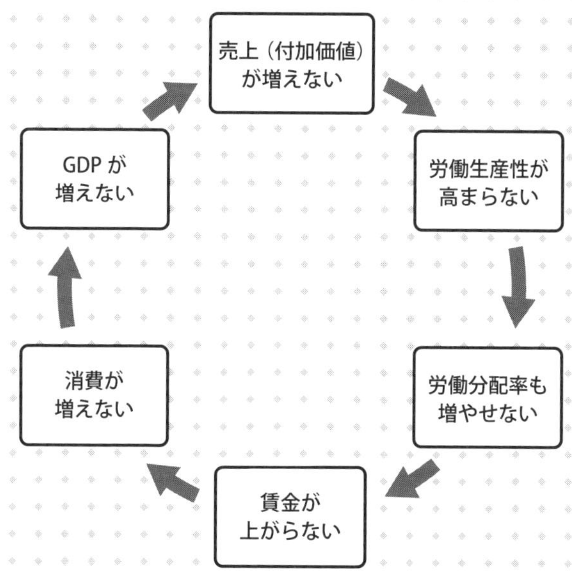

呼んでいます。近年は労働分配率が下がってきており、それが国民の賃金の伸びを抑制して国民の消費が増えず、GDPや労働生産性の増加も滞るという悪循環を起こしています。

製造効率と生産性は違う

製造業者の従業員で、生産性の定義を正しく理解している人はほとんどいません。生産性向上と工場現場の製造効率アップを、同じ次元で考える人の方が多いのではないでしょうか。

具体的に言えば、製造工程での1時間当たりの製造数量の増加や、ある製品の製造時間の短縮実現を生産性向上と表すようなことです。これらは、あくまでも製造効率向上もしくは生産効率向上です。

これを生産性向上と表現すると、経済用語の生産性向上との混同が心配されるため、生産という言葉の使い方には注意が必要です。特に現場改善活動に注力する工場では、製造効率向上を生産性向上と称していることも多く、気をつけましょう。

製造効率を強化して生産性を向上につなげる

本来の意味での生産性向上にとっても、製造効率向上は大切な活動であることは間違いありません。ただし生産性向上は、効率良く製造しただけでは実現できないことを、忘れないようにすべきです。

それでは、現場改善活動などによる製造効率強化を、生産性向上につなげるためにはどうすればいいでしょうか。工場の製造効率を高めて生産高が増えただけでは、在庫が増えるだけで生産性は高まりません。製造した製品に、十分な付加価値をつけて販売する必要があります。これは、工場ではなく営業の仕事です。

製造業者が生産性向上を実現するためには、工場の生産と営業部門や流通業者が協力して、サプライチェーン全体の売上（付加価値）を増やすことが求められます。

売上や付加価値を増やすための活動指針が「PSI計画」です。PSI計画をつくることでサプライチェーンの関係者が一致団結し、付加価値を高めるための活動を推進していきます。PSI計画が十分でない状態では、生産性は高まりません。

労働生産性を向上させるにはどうすべきか

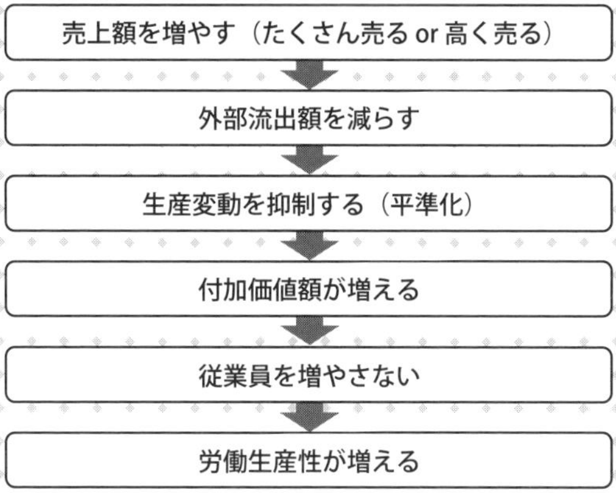

売上額を増やす（たくさん売る or 高く売る）

↓

外部流出額を減らす

↓

生産変動を抑制する（平準化）

↓

付加価値額が増える

↓

従業員を増やさない

↓

労働生産性が増える

製造効率を上げて生産性を向上させる道筋

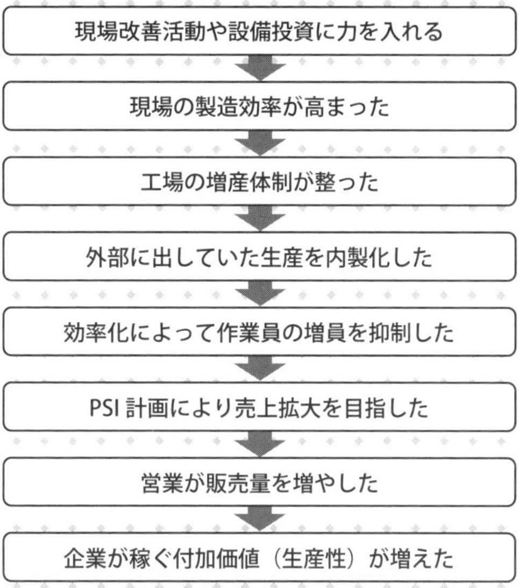

現場改善活動や設備投資に力を入れる

↓

現場の製造効率が高まった

↓

工場の増産体制が整った

↓

外部に出していた生産を内製化した

↓

効率化によって作業員の増員を抑制した

↓

PSI 計画により売上拡大を目指した

↓

営業が販売量を増やした

↓

企業が稼ぐ付加価値（生産性）が増えた

4-4 ジャスト・イン・タイムからジャスト・イン・ケースへ

東日本大震災やコロナ禍を経て、日本の製造業界における在庫計画やPSI計画作成の考え方に大きなパラダイムシフトが起きています。

ジャスト・イン・タイム

従来の製造業界では、トヨタ生産方式に影響を受けた「ジャスト・イン・タイム（JIT）」がもてはやされていました。JITとは必要なときに、必要なモノを入手するという意味です。JIT生産は、現場判断で勝手に行われた先行生産による製造混乱に悩まされたトヨタの工場で、現場統制のスローガンとして使われたのがきっかけと言われています。トヨタ生産方式では「つくり過ぎのムダ」とも呼んでいます。「かんばん」と称される帳票は、JIT生産を実現させるためのツールです。

トヨタ生産方式では、JITとともに在庫による現場改善意識の弱体化も問題としました。仕掛品在庫が豊富にあると、製造装置が故障したり不良品が出たりしても、生産はストップしません。一方で、仕掛品在庫が少なければすぐに生産ストップするため、現場は日頃から故障対策や不良品対策に力を入れるはずとされました。これが「在庫のムダ」です。在庫のムダに、企業財務会計の観点から重視された在庫資金削減が重なり、日本の企業経営では「在庫を減らすことが是」という経営管理が主流になりました。

JIT生産とJIT調達の違い

JIT（ジャスト・イン・タイム）という言葉には。JIT（ジャスト・イン・タイム）生産と、JIT（ジャスト・イン・タイム）調達の2つの考え方が含まれます。JIT生産は上記の先行生産がルーツになった考え方で、工程間滞留の削減が主目的です。製造現場の現場統制問題として工場が取り組むべき大きな現場改善テーマです。ただし、JITだからと言って、必ずしもかんばん帳票を使う必要はありません。

第5章で紹介する「製造番号による進捗管理」「リードタイム分析」「MES（製造実行システム）」なども、狙いは同じ工程間滞留のコントロールです。

計画作成のパラダイムシフト

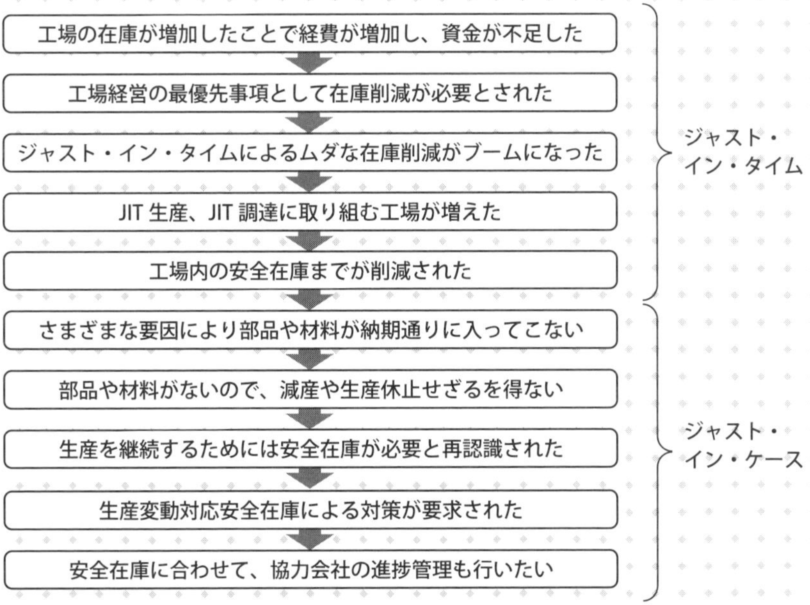

JIT生産の流れ

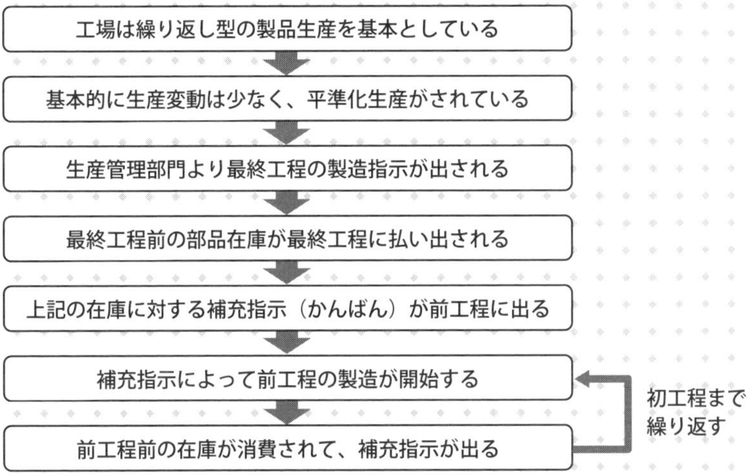

JIT 生産は余分な仕掛品在庫（滞留在庫）を減らすために考案された

一方のJIT調達のルーツははっきりしませんが、財務会計観点の在庫金額を減らすことからきているようです。在庫金額を減らせば、経営効率は高まります。その実践手段として、JIT調達による資材在庫削減が強調されたようです。ERPのベースとなっているMRPロジックも、基本は資材在庫削減です。JIT調達による資材在庫削減は経営層にはわかりやすいアプローチでした。

JIT調達で注意すべきところは、サプライチェーン全体を見たときに本当に在庫が減っているかどうかです。JIT調達している大企業の資材在庫は減っている一方で、代わりにJIT納入を余儀なくされている納入業者の工場や倉庫が在庫であふれているかもしれません。逆に、親会社と同じく在庫削減活動を強化したことで、彼らの安全在庫が不足しているかもしれません。いずれにしても、さまざまな生産休止トラブルを通じて、調達品在庫に関する実態分析やリスク対策が不十分であることがわかってきました。そこで、リスク対策として注目され始めたのが次の「ジャスト・イン・ケース」です。

ジャスト・イン・ケース

ジャスト・イン・ケースの「ケース」とは、何らかのリスク問題が発生したとき（ケース）のことです。ジャスト・イン・ケースは想定リスクに対してすぐに対処するという意味です。

工場で顕在化する可能性が高いリスクケースは、部品調達面での欠品リスク対応です。災害、事故、感染症、紛争、部品製造能力不足などの影響により、納期通りにサプライヤー（協力会社）から部品が入ってこないために、生産計画通りに生産できない工場が出てきたことへの対策として注目されました。

特に、JIT調達をしている工場の休止が大きな問題になっています。コロナ禍や半導体不足の影響で、休止状態に追い込まれた工場も続出しました。

この問題を防ぐためには、あらかじめキーパーツの生産変動対応安全在庫を積み上げておく取り組みが必要です。半導体不足により生産計画の見直しを余儀なくされたトヨタでも、主要部品の安全在庫を積み上げていると報道されています。

供給元工場の完成品在庫状況や工程仕掛状況を、タイムリーに教えてもらう仕組みを構築しようとする大企業も現れています。取引先の工程管理システムとデータ連携したり、工程管理クラウドシステムを構築して共同利用したりする検討が始まっています。

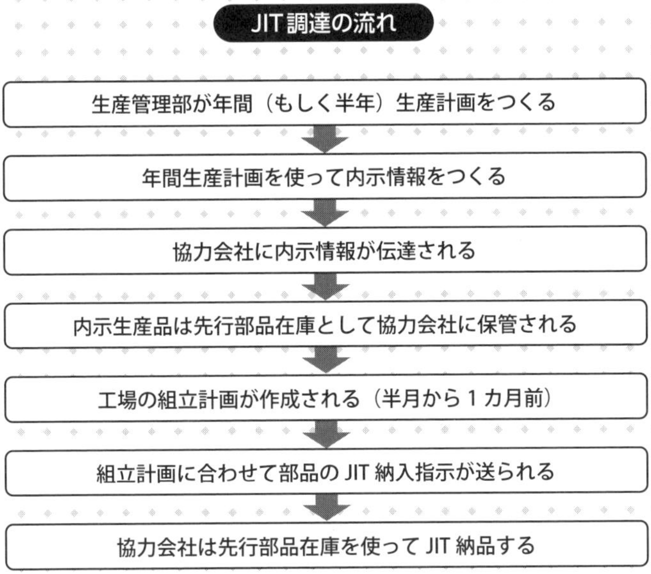

JIT 調達の流れ

生産管理部が年間（もしく半年）生産計画をつくる

↓

年間生産計画を使って内示情報をつくる

↓

協力会社に内示情報が伝達される

↓

内示生産品は先行部品在庫として協力会社に保管される

↓

工場の組立計画が作成される（半月から 1 カ月前）

↓

組立計画に合わせて部品の JIT 納入指示が送られる

↓

協力会社は先行部品在庫を使って JIT 納品する

JIT 調達は調達在庫削減のために考案されたが、単に協力会社へ在庫を押しつけただけの可能性もある

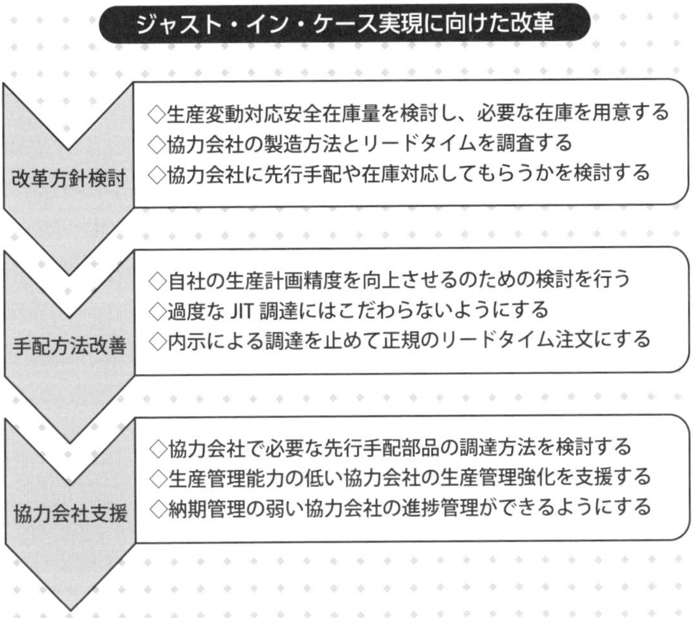

ジャスト・イン・ケース実現に向けた改革

改革方針検討
- ◇生産変動対応安全在庫量を検討し、必要な在庫を用意する
- ◇協力会社の製造方法とリードタイムを調査する
- ◇協力会社に先行手配や在庫対応してもらうかを検討する

手配方法改善
- ◇自社の生産計画精度を向上させるのための検討を行う
- ◇過度な JIT 調達にはこだわらないようにする
- ◇内示による調達を止めて正規のリードタイム注文にする

協力会社支援
- ◇協力会社で必要な先行手配部品の調達方法を検討する
- ◇生産管理能力の低い協力会社の生産管理強化を支援する
- ◇納期管理の弱い協力会社の進捗管理ができるようにする

4-5 情報システムのマスター精度が低過ぎる

販売管理システムのマスター

業務系の情報システム利用では、マスターデータの設定がついて回ります。同じ業務系システムでも生産管理システムと販売管理システムでは、中心となるマスターの位置づけが大きく違います。販売管理システムの場合は入力作業の省力化目的が中心となります。その代表が取引先マスターと品目マスターです。あらかじめ取引先名称や品名などの属性データをマスターに登録しておくことで、データ入力時の入力作業工数を減らすことが可能です。

生産管理システムのマスター

生産管理システムのマスターは、販売管理システムと同じマスター（取引先マスターや品目マスターなど）だけではなく、PSI計画による業務効率化を制御するために用いるマスターの設定も必要です。

①BOMとBOP

生産系マスターを特徴づける用途が部品展開計算と工順展開計算です。前者に用いるマスター情報が部品構成表（BOM）、後者に用いるマスター情報が工順表（BOP）です。BOMを用いた部品展開により、製品の生産に用いる構成部品の数量を算出します。BOP展開では、製品をつくる製造工程の順番を明らかにして製造指示を出します。

これらの展開計算ができないと、生産指示を出すまでに余計な手間がかかります。そこで生産管理システムの主要用途として、BOMやBOPマスターの利用が広がりました。BOMにしてもBOPにしても展開計算後のデータ修整は難しく、マスターの登録内容にミスがあると生産できない状態に陥る可能性があります。BOMやBOPマスターの作成とメンテナンスは、慎重に行うことが求められます。

②手配制御のためのマスター

生産管理システムでは、生産手配のタイミングなどを制御する数値データをマスターに登録します。その代表がMRP計算に用いる手配リードタイムや、工程展開計算などに用いる標準製造時間、標準製造工数などの時間データで

生産管理システムにおけるマスターの問題例

◇部品構成表（BOM）が正確でないと部品展開計算できず、部品の手配ができない
◇工順表（BOP）が正確でないと製造工程に対して製造指示が出せない
◇工順表がないと進捗情報や製造実績情報の集積ができない
◇仕入先マスターや仕入価格マスターがないと注文書の発行に手間がかかる
◇リードタイムマスターがないと必要時期に購入品が手に入らないことがある
◇安全在庫マスターが整備されていないと、計画変更への対応に支障が生じやすい
◇在庫置き場のロケーションマスターがないと、在庫を紛失することがある

主な管理マスターと設定値の影響

マスター名	説明	影響
ロットサイズ	一度に生産したり、動かしたりする際の最低数量を設定する	大きくし過ぎると在庫が増えやすく、小さくすると業務効率が悪化する
リードタイム	生産や調達にかかる標準的な生産や調達時間を設定する	大きくすると納期に間に合わなかったり在庫過多を引き起こしやすい。小さくすると納期遅れが起きやすい
標準製造時間	対象工程における単位数量当たりの製造時間を設定する	大きくすると計画段階でつくれないとされる。小さいと実際につくれなくなる
安全在庫数	欠品にならないように設定しておく最低在庫	大きいと在庫過多になりやすく、小さいと欠品が発生しやすい
不良率	対象生産ロットの中で不良になる可能性の率を示し、この分を上乗せして生産する	大きいと余分な在庫が発生する。小さいと足りなくなる可能性がある

す。そのほかにも、歩留率（不良率）や安全在庫数、ロットサイズなど生産の制御に用いる数値マスターデータがあります。これらの制御マスター数字の設定により、生産時期や生産数量、在庫数量などが変化します。

マスターの設定通りに生産できない

生産管理システムの生産制御用マスターデータは、簡単には最適な数値を決めることが難しいため、試行錯誤でデータを変えながら最適値を見つけ出すことを行います。苦労しながら数値を設定しても、実際の生産がその通りに生産できるとは限りません。特に、リードタイムや標準製造時間は毎回変化することも起こり得ます。最近は外注会社や部品会社の納期遅れが頻発しており、マスター数字の精度や信頼性に疑問を持つ製造現場も増えています。

マスター数字の信頼度に心配がある場合は、リスク対策として製造時間や在庫量などにあらかじめ余裕を持たせることがあります。こうした余裕数字に関しても、マスター化することが行われます。

マスターメンテナンスが滞っている

上記のように、マスターの管理は非常に重要です。ところが、マスター数字のメンテナンスが十分に行われていない企業に多々出会います。その理由は、製造業のマスターデータ数は大きくなりやすいためです。たとえば、部品マスターだけで何万点以上になるケースもあります。日常業務をこなしながらマスター全体に目配せすることが難しくなり、マスターメンテナンスは放置されるという状況です。

このような状態では、工場の生産は順調に機能しません。こうした工場の生産管理システム利用では、マスターデータの精度が低くても何とか利用できる生産伝票発行だけにシステムを使い、個別の制御は担当者がExcelなどを使って実施するようなことも起きています。

こうした工場では、せっかくPSI計画を作成しても無意味です。製造現場の運用は計画を無視した行き当たりばったりの作業が中心となり、生産管理担当者は変更対応に追われる事態になりかねません。

生産管理システム導入においては、マスター管理が非常に重要です。筆者はマスター管理を「システムに魂を入れる活動」と称して重視しています。

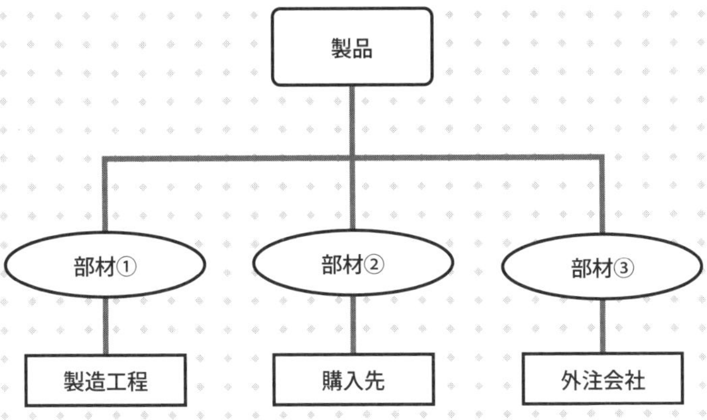
組立会社はBOMで管理する
製品
部材①
部材②
部材③
製造工程
購入先
外注会社
◇部品展開計算により部材の手配数を算出する
◇MRP や製番管理による部品調達や部品配膳に用いる

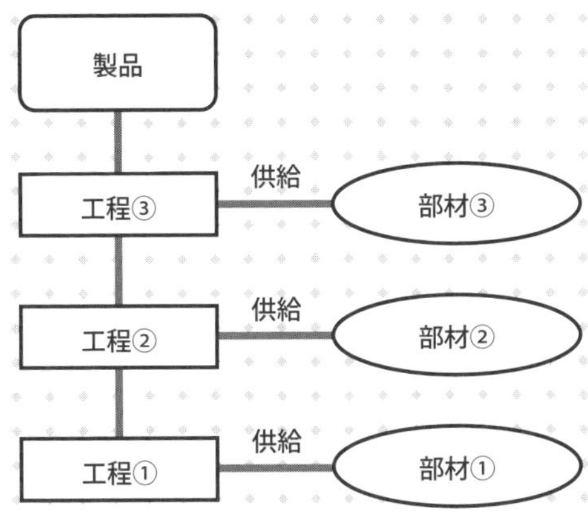
部品加工会社はBOPで管理する
製品
工程③
供給
部材③
工程②
供給
部材②
工程①
供給
部材①
◇各製造工程への製造指示と進捗管理に使う
◇工程への部材の供給タイミングも管理する

4-6 Excelだけでは計画を管理できない

Excelを使って小日程計画表をつくる工場が増えています。計画表を表示するだけならExcel利用でも問題ありませんが、Excelだけで業務運用しようとすると支障が生じることがあります。本項では、Excel利用についての問題をまとめました。

Excel頼りで大丈夫か

計画表だけでなく、生産管理のような基幹業務にExcelを使っている工場は多数存在します。Excelは集計作業や数値分析作業が効率的にできます。それが企業でのExcel利用を加速させました。しかし、企業の業務処理ルールに沿った一貫処理が求められる基幹業務処理に、Excelを使うことには問題があります。最初に、Excel利用の何が問題になりやすいかについて整理します。

Excel利用の最大の問題は、作成者以外の人がExcelの処理内容を理解することが難しい点にあります。通常のプログラム開発の場合は項目名を使って業務処理を定義しますが、Excelはセルを使って計算式や処理内容を定義するため、処理内容の理解に手間がかかるのです。

Excel表をつくった当事者でさえ、どのように処理定義をしたかの確認が難しく、第三者が処理定義を理解するとなるとハードルが高くなりがちです。その結果、処理内容を間違えていたとしても修正されないことがあります。

本来の情報システムであれば、システム部門やシステム開発会社がまとめた設計資料が残っている可能性がありますが、Excelは作成の手軽さゆえに設計情報の作成が省略されることも多いです。

Excel表をつくった人は、いつまでも同じ仕事をしているとは限りません。異動や退職によって作成者がいなくなることも十分考えられます。

そして、作成者がいなくなった場合に、Excelのこの問題が表面化するのです。Excelが機能しないことで、製造現場や仕入れ先に指示ができないケースが懸念されています。

Excel利用の弊害

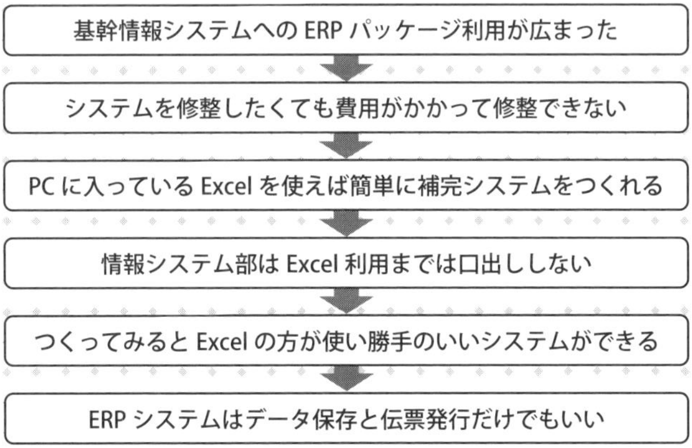

基幹情報システムへのERPパッケージ利用が広まった

↓

システムを修整したくても費用がかかって修整できない

↓

PCに入っているExcelを使えば簡単に補完システムをつくれる

↓

情報システム部はExcel利用までは口出ししない

↓

つくってみるとExcelの方が使い勝手のいいシステムができる

↓

ERPシステムはデータ保存と伝票発行だけでもいい

大企業での属人的なExcel利用が増えて経営リスクが心配される

管理担当者がつくるExcel管理資料の例

計画、生産指示関連資料

- 今後の計画表（販売計画、生産計画、在庫計画）
- 前日までの販売・生産進捗表
- 前日夜時点での仕掛品在庫情報
- 今週もしくは当日の生産計画表（工場全体、各工程単位）
- 当日の工程別製造計画表（各製造単位）
- 当日の作業要員の分担表（各工程単位）

製造指示書

- 実績管理関連資料
- 当日の生産・製造実績表（生産数量、不良数量など）
- 当月の販売・生産出来高表（数量、金額など）
- 当月の日別稼働実績表（工程別、設備別）

Excel資料はできるだけ減らす

なぜExcel利用が広がったのか

Excel利用は、企業の業務運営において大きなリスクがあります。それにもかかわらず、基幹業務システムでExcelを使う企業が増えているのです。計画表作成や集計業務だけでなく、生産指示書の発行や注文書の作成に使っている工場もあります。企業規模も中小企業に限らず、大企業や大手企業でも使われています。企業規模が大きいところは、情報システム部門が業務設計に関与した立派な情報システムにより、企業運営が行われていると考える方も多いでしょう。ところが実際には、企業規模が大きい企業ほど現場が独自に開発したExcel利用がはびこっている傾向があります。

この背景には、ERPパッケージブームの存在があります。2000年前後に、日本の大企業を中心にERP導入ブームが起きました。当時のERP導入の進め方として、ERPパッケージに業務を合わせるアプローチが広がったのです。ところが、実際にERPパッケージを導入してみると、日本企業がERPに業務を合わせるのは事実上不可能であるという実態がわかってきました。

最大の理由は、日本には受注生産企業が多く、計画生産企業のための業務システムとして発展してきたERPに合わせた業務標準化が難しいことでした。さらによく調べてみると、ERPが採用している業務処理ロジックのMRPは、受注生産型工場の運営に適さないこともありました。ERPベンダーは、反論としてスケジューラー、AI、IoT、RPAなどのバズワード（流行用語）システムを提案して目くらましをしようとしましたが、実際には現場が有効に使えるような提案はできませんでした。

そこで、実務に使えないERPに頼ることをやめて、独自にExcelで業務処理する工場が続出したのです。ERPは計画管理機能が弱いこともあり、Excelを使って生産計画を作成したり管理したりする企業が増えました。

Excel計画は変更対応が弱点だ

企業運営において、Excelによる計画作成だけで十分かと言えば、そういうわけではありません。Excelは単独ツールであるため、複数工程や複数組織にまたがった計画連携や計画修整機能が弱く、計画変動が多発するような工場では柔軟な対応がしにくくなります。しかし、ERPでこの問題を解決することも難しく、新しいツールの利用が期待されています。その代表が、ガントチャート作成ツールとスケジューリングソフト（スケジューラー）です。

Excel利用の問題点

◇セル間での計算定義のため計算式がわかりにくい
◇設計書の作成が面倒なため設計書をつくらない
◇Excel 表をつくった人でないと中身がわかりにくい
◇Excel 表をつくった人がいなくなるとメンテナンスが難しい
◇システムとのデータのやり取りに制限が発生しやすい
◇マスターを使ってデータ入力することが理解してもらえない
◇データや計算式が間違っていても放置されやすい

Excel頼りを減らすための方策と課題

Excel の利用を制限する
→Excel を利用している人から反発される可能性がある

生産管理パッケージで再構築する
→パッケージの機能不足で業務が回らない可能性がある

ローコード開発ツールで代替利用機能を開発する
→システム設計ができる人材が限られるので手間がかかる

個別ツールの導入を進める
→ツール間やシステムとのデータ連携が複雑化しやすい

4-7 スケジューラーやAIを入れただけでは解決しない

工場が生産計画の精度向上を目指すときに話題に上るのが、スケジューラー（スケジューリングソフト）です。スケジューラーとはコンピュータの数理計算機能を使い、製造工程の能力負荷調整や納期調整をほぼ自動で計算して、工程日程計画案を作成するソフトウェアツールのことです。

コンピュータによる日程計画調整への期待

製品数が少なかったり製造工程が少なかったりする場合は、ガントチャートなどを使ってマニュアル作業で計画調整することができます。しかし、製品数や工程数が増えると、手作業だけでは効率的な日程計画調整が難しくなります。それを数理計算アルゴリズム機能を使い、コンピュータ上で計画調整するのがスケジューラーです。スケジューラーの基本的な計算方法は次の様式です。

初工程から順番に製品オーダーを工程に流していき、製造予定日に対象製造工程の能力負荷オーバーになったら、当該製品の製造オーダーは後ろに回します。この作業を山積み・山崩しと呼び、能力負荷オーバーが続くと最終工程まで山崩しが続きます。後ろに山崩ししたオーダーは次の工程の開始日も遅くなり、負荷オーバー工程がいくつもあると完成納期は大きく遅れる可能性が生じます。

スケジューラーの役割には、負荷調整をした場合に、工程負荷調整をしない場合に対して納期がどう変化するかをシミュレーションすることもあります。シミュレーションによって、各工程の製造計画を明確にすることが可能です。工程の最初から順に流してシミュレーションするのをフォワードスケジューリング、逆に納期から前倒してシミュレーションするのをバックワードスケジューリングと言います。

実際の工場では製品製造の優先順位、製造工程の特性、段取り作業に関する調整、部品や材料の供給調整などさまざまな製造条件を加味して、シミュレーションする必要性が出てきます。そうなると、単純なシミュレーションだけで最適な計画調整をすることはできません。

そこで、遺伝的アルゴリズムなどにより複雑な数理計画アルゴリズムを使っ

スケジューラー導入トラブルの例

スケジューラー導入の背景

◇生産管理パッケージは伝票発行にしか使っていない
◇日程計画の作成は担当者が Excel で行っている
◇トップもしくは特定個人がスケジューラーや AI の導入を言い出した

↓

スケジューラーが役に立たない

◇計画変更が相次ぎスケジューラー計算が追いつかない
◇スケジューラーの予定と製造実績の乖離が激しい
◇スケジューラーを使わない方が早くつくれる
◇計画作成者が Excel 利用に戻ってしまう

↓

原因を調べてみると

◇現場は必ずしもシステム指示通りには製造していない
◇会社全体に計画を守ろうという意識が希薄だった
◇現場はルール通りに製造実績入力をしていなかった
◇スケジューラーの設定条件が複雑で対応できなかった
◇現場はスケジューラーの利用を望んでいなかった

↓

スケジューラーは埃を被り、元の Excel による計画に戻った

生産スケジューラーの基本機能 1

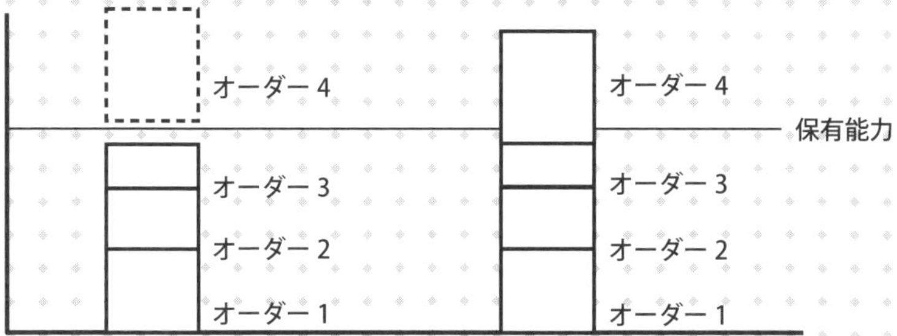

保有能力を超えたので、山崩しをしてオーダーを前倒しするか後倒しする

保有能力を超えても、オーダーはそのままにする

て、少しでも実務に即したスケジューリング計算をするようにします。最近はAIツールを使ったスケジューラーなども登場しています。

スケジューラーの限界を知る

スケジューラーへの過度な期待は禁物です。たとえば工場の製造能力が十分にある場合は、スケジューラーを利用しても期待した効果はそれほど得られません。スケジューラーが効果を発揮するのは、製造能力が不足しているいわゆるネック工程が存在している場合です。いかにしてネック工程の負荷を調整し、最適な製造計画を策定するかがスケジューラーの最大の役割です。

製造工程の負荷と能力を的確につかんでいないと、スケジュール計算ができません。製造計画の場合はそれを製造時間で調整します。対象製造工程で製品を1個製造するのに必要となる標準的な時間を、単位標準時間もしくは単位標準工数と呼んでいます。

単位標準時間に製造個数をかけると、対象製造オーダーの製造に必要な製造時間が出てきます。それが作業時間内に収まるかどうかで、対象工程の製造能力状況をシミュレーションできます。製造能力が足りない場合、対象製品がすべてつくれずに、翌日の製造などに先送りされます。

スケジューラーの計算が実態と合うようにするためには、単位標準時間の信頼性も高くしないと意味がありません。実際に対象工程で製造してみて、標準時間の合算よりも早くでき上がるようであれば、シミュレーションをしてもムダです。そのため、スケジューラーの利用に際して標準時間精度の向上は重要事項となります。

現場がスケジューラーによるシミュレーション結果とは別の機械設備を使ったり、順番を入れ替えたり、ロット数を変えて製造したりすれば、シミュレーションとは異なる状況になります。この状態でスケジューラーを使っても役に立ちません。

スケジューラーを使う場合は、製造現場が生産管理担当者のつくった計画や製造指示通りに製造していることが絶対条件です。これが機能していない製造現場では、スケジューラーは宝の持ち腐れとなります。

スケジューラーはコンピュータを使っているため、瞬時に変更計算ができます。だからと言って、計画変更が頻繁に起きるような状況でうまく活用できるとは限りません。生産開始後の変更は、現場が対応できないことの方が多いようです。

生産スケジューラーの基本機能2

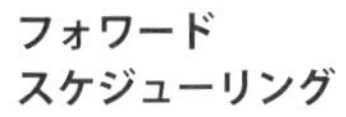

バックワード
スケジューリング

スケジューラーの正しい検討・導入作業

生産管理研修によりスケジューラーへの安易な期待を取り除く

↓

対象製造ラインのリードタイム分析を実施する

↓

分析結果を元にスケジューラーの導入目的を検討する

↓

現場への製造指示状況と現場の実績入力に問題がないか確認する

↓

現行の製造計画の作成方法を調べて問題がないか確認する

↓

スケジューラーで無限山積み計画をつくってみる

↓

スケジューラーで山崩し計画がつくれるかシミュレーションする

↓

スケジューラーをどこまで使うか検討する

↓

スケジューラーの試行運用を開始する

4-8 何がPSI計画の実行を阻害するのか

せっかくPSI計画をつくっても、当該企業が計画通りに運用できなければ意味がありません。そこで、どのような要因が計画遂行を阻害するのか整理しておきます。混乱を事前に抑制するための参考にしてください。

計画通りに進まない最大の要因は取引先の意向です。日本には受注生産型の企業が多く、計画変更が生じやすい傾向があります。この問題を抑制することは難しいため、取引先の動きを先読みすることが求められます。

内的要因による混乱

①計画担当者が混乱を引き起こす

計画担当者自身が混乱を引き起こすケースによく出会います。計画担当者が過去の成功体験や失敗体験に過度にこだわることで、予測を誤るような場合です。また、できる人のサバ読みも混乱を引き起こすことがあり、計画担当者だけに任せず組織で計画を作成する仕組みを考えましょう。

②現場が混乱を引き起こす

工場内、外注会社に限らず日本の製造現場は、あえて監視しなくても指示されたことを適切にこなす風土がありました。独自判断で指示を変更して対応する現場もありましたが、そうしたことをするのはベテランの現場要員がいるケースがほとんどです。若手が混乱を引き起こす原因になるようなケースは少ないです。

最近は現場の人員不足や外国人労働者の増加により、現場が指示についていけないケースが目立っています。日本工場も海外工場のように指示命令系統を見直して、現場の動きを日常的に監視する必要性が高まりつつあります。

③現場担当者が混乱を引き起こす

現場で小日程計画をつくったり、現場指示を出したりしている担当者が問題になることも増えています。特にExcelを駆使し、独自世界や独自ルールを設けている人は要注意です。業務改善により、自分の仕事を変えられることに強固に反発することが多いようです。傍目には業務改善で非効率なExcel作業が改善され、最も恩恵を受けるように見られがちですが、実際は一番の強固な抵

計画実行の阻害要因

◇取引先が混乱を引き起こす
◇計画担当者が混乱を引き起こす
◇現場が混乱を引き起こす
◇流行用語が混乱を引き起こす
◇パッケージソフトが混乱を引き起こす
◇経営者が混乱を引き起こす
◇現場担当者が混乱を引き起こす

◇思い当たる内容があったら、早い段階で関係者全体で対策を検討する
◇各人の生産管理知識が不統一だと会話が進まず、関係者全員で生産管理研修を受講する
◇自社だけだと検討が発散しそうな場合はコンサルタントに手伝ってもらう

計画の問題点①：リードタイムを長くすると納期遅れが発生

標準手配リードタイム 30 日＝正味製造時間 3 日＋想定待ち時間 27 日

特急手配すれば最短 3 日でつくれる
↓
30 日前なら余裕があるので、現場が生産順序を操作する
↓
納期 3 日前に進捗確認し特急指示を出すか検討する
↓
特急にしないと納期に間に合わない
↓
特急品で負荷オーバーになり納期遅れが頻発する
↓
全体的に仕掛在庫が急増する

製造現場がこの対応状態にあると、生産管理部が生産計画（初工程投入計画）をつくっても機能しない

抗勢力になることもあります。

外的要因による混乱

①流行用語が混乱を引き起こす

企業経営やITシステムの世界には、バズワードと呼ばれる流行用語が存在します。バズワードとはITベンダーやITコンサルタントが使う言葉で、数年単位で流行する用語です。近年の工場運営では、「スマート工場」「DX工場」「AI」「インダストリー4.0」などが代表的なものです。過去にも「FA」「FMS」「CIM」「製造IoT」などの工場バズワードが流行しました。

こうした用語には何となく最新技術によって劇的変化が起こりそうなイメージがありますが、実態ははっきりしないことが多く、流行は数年で終わるのが普通です。30年前に流行ったFMSと現在のスマート工場はどこが違うか、について適確に説明できる人はほとんどいないのではないでしょうか。

地に足がついた工場関係者はバズワードに惑わされることは少ないですが、本社にいる経営者や経営企画担当、情報システム担当にこうした言葉に振り回されやすい人がいるため注意しましょう。

②パッケージソフトが混乱を引き起こす

ERPパッケージに代表されるパッケージソフトを導入する際によく言われるのは、「パッケージ標準に自社の業務を合わせる」という話題です。この言葉にも注意が必要です。日本の工場は受注生産型が多く、商慣習も複雑です。海外ではあまり聞かれない内示対応を要求される工場もあります。

そうした工場が下手にパッケージに業務を合わせると、取引を失う可能性があります。本来はそうしたケースに備えて、パッケージ導入前にフィット・ギャップ（FG）分析という作業をしてから導入作業に入るのですが、ギャップがあっても提案を辞退するベンダーはほとんど見かけません。

「パッケージに業務内容を合わせるべき」「カスタマイズするから大丈夫」などと詭弁を吐き、無理矢理パッケージを導入させようとしがちです。これでは、業務が混乱するのも当然です。大きなギャップのあるパッケージは導入しないようにすべきです。

バズワードにしてもパッケージにしても、現場よりも経営者が振り回される例が顕著になっています。現場経験の少ない経営者が増えているせいかもしれません。経営者が誤った判断をしそうな場合は、現場が牽制するようにしたいものです。

計画の問題点②：計画を信用しない方が早くつくれる

生産管理システムでは各工程のリードタイムに余裕時間を加えるのが一般的なため、現場が先入れ・先出し生産をした方が短いリードタイムで生産できる可能性がある

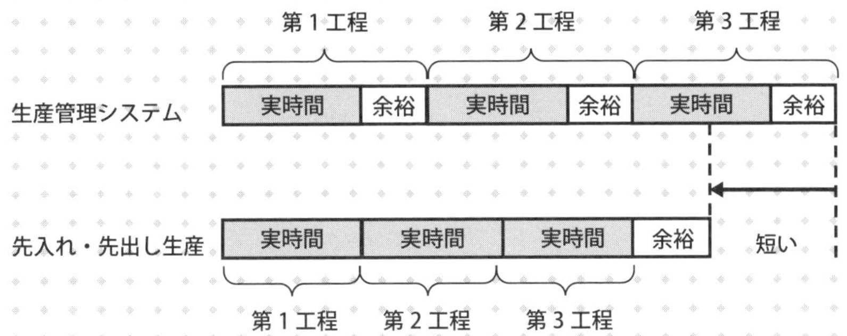

現場は計画に基く指示を軽視し、現場判断での運用をしようとする

生産管理部が待ち時間を軽視している

◇待ち時間は原価計算に反映されず、ERP システム導入時には待ち時間管理が抜けてしまうことがある
◇正味製造時間を短縮しただけでは製造リードタイムはそれほど短くならない
◇正味製造時間は製造リードタイムの 10～30% 程度しかなく、ほとんどが待ち時間
◇正味製造時間は標準時間からの変動は比較的小さい
◇待ち時間は工場の状況により大きく変動しやすい

製造部門は待ち時間対策の重要性に気づいていることが多く、待ち時間対策を考慮していない生産計画を信用しないことがある

column

パナソニックが買収したSCMソフト会社

パナソニックホールディングスは2021年に、約8,000億円を投資してSCMソフトベンダーのブルーヨンダー社を買収しました。「そんなにすごいSCMソフトがあるのか？」と驚いた人も多いでしょう。同社は米国のJDAという店舗管理のソフト会社が母体で、SCMソフトベンダーのi2Technologies社、Manugistics社、AIツール会社のBlue Yonder社などを次々と買収して大きくなった企業でした。

生産スケジューラーで有名だったi2Tecnologies社と、需要予測ソフトで有名だったManugistics社は、ともに2000年前後のSCMブームの際に一世を風靡しました。当時のSCM関係者の間でかなり注目を集めていたので、名前を覚えている方も多いと思います。筆者が執筆参加したSCMの本でもこれらのソフトを紹介しています。

日本で両ソフトについて評判を聞かなくなった背景には、日本のサプライチェーン構造が複雑過ぎたことが理由にあります。さらに、日本製の安価なライバルソフト（生産スケジューラー、需要予測ソフトなど）が台頭してきたことも大きな要因でした。

パナソニックグループによるブルーヨンダー社の高額買収に、どのような思惑があるかはわかりません。この投資をきっかけに、再びSCMソフトが注目を浴びるようになるでしょうか。

第5章

工場にSCMを定着させる奥義

日本の製造工場に、SCMやPSI計画を定着させるためのさまざまな改善アプローチを、「奥義」という形で紹介しました。内容を一見した限りでは、当たり前の対策が羅列されているだけのように感じる人が多いかもしれません。ところが、実際に製造業者を訪問すると、これらの対策ですら講じていない工場が想定外に多いことに驚かされます。企業規模との相関もほとんど感じられません。日本のSCM、特に調達サプライチェーンを効率的に機能させるためにも、各工場の奥義への積極的な取り組みが求められます。

5-1 サプライチェーン上のモノの動きを監視する

PSI計画は、ただ単に立案しただけでは意味がありません。PSI計画を機能させるためには、現在の製品製造や商品流通がどのような状況にあるかを監視することが求められます。PSI計画などに基づいて作成された指示通りに、工場内やサプライチェーン上を仕掛品や商品が動いているか、十分な業務統制がとれているかなどを監視します。

監視によって、統制が不十分で指示通りに動いていないことが判明した場合は、どれだけ指示や計画と乖離しているかについての定量分析も必要です。分析が的確でないと、ずれを修整するための根本的な対策を検討することができません。

誰が全体を監視すべきか

サプライチェーン上のPSI計画内容や物品の動きを統制するためには、最初に誰が全体の動きを監視するかをはっきりさせておくとよいでしょう。

工場内の物品（製品、部品、材料、仕掛品など）の動きは、生産管理部が監視するのが一般的です。生産管理部を設けておらず製造部が監視するという工場もありますが、その場合も全体を監視する生産管理担当者を置くことが求められます。

販売在庫、流通業者在庫、輸送方法などは営業部門が監視するのが一般的です。ところが、大半の営業部門の要員は生産管理や物流・在庫管理の勉強をしていません。この状態で監視しても意味がなく、有効な計画立案や進捗管理も期待できません。監視担当者を決めたら、その人には生産管理や物流・在庫管理の勉強を課してから監視に当たらせることが大切です。

最近の商取引ではEDI化の進展などにより、営業部門が商品の動きに関与しないケースが増えています。この場合は、営業部門だけで流通在庫を監視しても有効には機能しません。工場が直接流通在庫を監視するか、ロジスティクス部門などの新たな組織を組成して監視します。その際に、ロジスティクス部門の人間に生産管理の知識を授けることを忘れてはなりません。

モノの動きの監視が重要

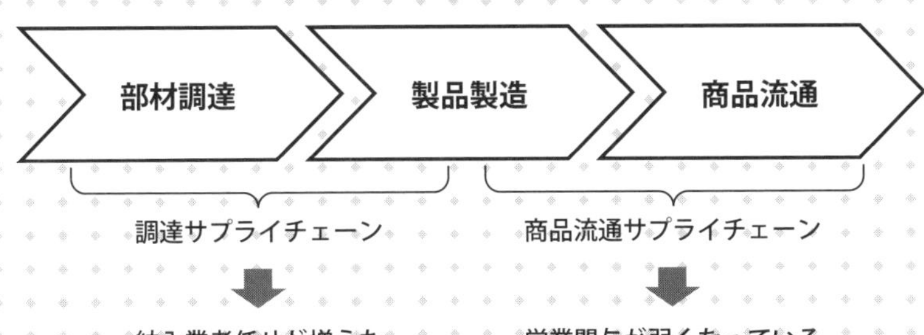

サプライチェーン全体を監視する新たな組織が必要？

サプライチェーン監視の変遷

当初は商品流通サプライチェーンの淀みや欠品監視が重視された

↓

システム監視だけでなく 3PL 事業者利用による監視も進んだ

↓

工場の生産リードタイム短縮のための進捗監視もターゲットになった

↓

生産管理システムを見直す工場も出てきたが限定的だった

↓

紛争やコロナ禍などにより部品が入ってこない問題が顕在化した

↓

調達サプライチェーン監視は納入業者任せになっていた

↓

これからは調達サプライチェーン監視の強化も必要

サプライチェーンの監視は在庫の増減で行う

サプライチェーン全体の監視は、在庫の変動グラフを作成して行うのが一般的です。各在庫拠点における在庫変動グラフをリアルタイムでつくれるようにすることが重要です。しかし、取引先や委託先などの相手企業に関しては、どこまでこのグラフがつくれるかはわかりません。

特に流通業者の保有在庫量や物流移動中の在庫量を、どこまで把握できるかは重要課題です。大手の流通業者の場合は外部への情報開示を嫌がることも多いです。この場合は、あえてVMI（預託在庫）化を申し出ることもあり得ます。

工場内の在庫管理は仕掛品在庫の管理と、購入品在庫（部品、材料、包装材など）の管理が主要なターゲットです。ただし、工場内の在庫数字の精度が低いと、正しい生産統制は行えません。

多くの工場で問題になっているのは、工場内ではなく製造を委託している外注会社や、部品会社の仕掛品在庫の進捗把握です。本来であれば、在庫を把握していてもおかしくない取引関係にある企業、たとえばほぼ全量を当該工場に納入しているような部品加工会社の在庫ですら、把握できていない親工場も多数あります。その背景には、日本の工場関係者に浸透している「下請工場は納期遅れを起こさない」という今までの思い込みが見え隠れしています。

コロナ禍の問題や半導体部品不足などの影響により、この思い込みが大きく揺らいでいるのです。トヨタも部品会社を結んだ仕掛品在庫の監視システム（レスキュー）の構築に取り組んでいます。これからの工程管理システムは、自社工場内だけでなく、製造外注会社のタイムリーな進捗管理もできる仕様にしなければなりません。

工場内の監視はリードタイムも重要

工場内や外注会社の仕掛状況の監視は、在庫量だけではなくリードタイム観点での監視が欠かせません。欠品や余剰在庫の発生時にアラームを出すだけなら、在庫量の監視だけでも可能ですが、それだけでは済まなくなってきています。仕掛品の動きを把握するために、製造リードタイムや滞留時間の分析が重視されているのです。

サプライチェーン監視は各倉庫の在庫量の動きで行う

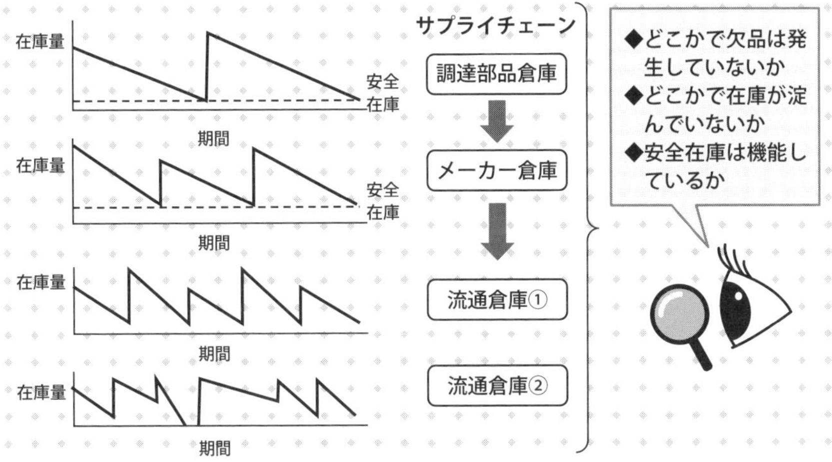

外注会社の進捗も管理する

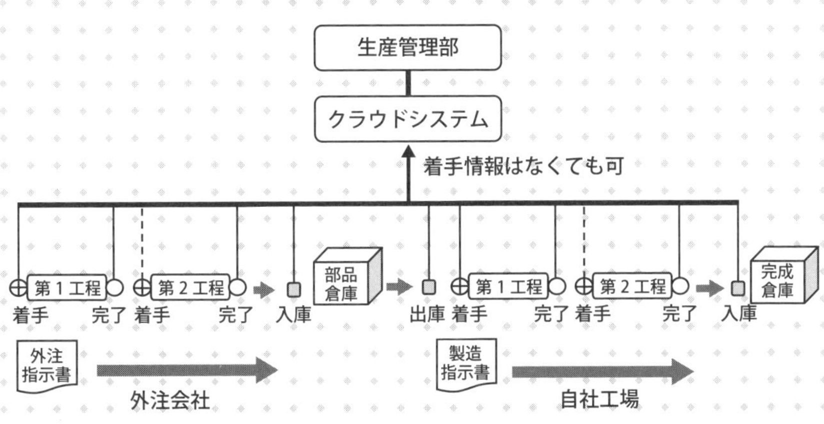

5-2 生産管理システムを工場の実際に合わせる

生産管理パッケージはMRPで動いている

多くの生産管理パッケージやERPパッケージの生産管理ロジックは、MRPロジックで動いています。本書ではMRPについての詳細解説はしませんが、製造業者のPSI計画、特に生産計画を語る上ではMRPの課題に対する正しい理解は欠かせません。結論から言えば、日本の工場でMRPが使える工場は極めて限られます。

MRPは製品をつくるのに必要な部品や材料の調達数を、基準生産計画（MPS）から計算するためのロジックです。BOM（部品構成表）を利用した部品展開計算と、調達リードタイムを用いた在庫補充手配機能が合体された形になっています。

MRPを使うと、必要なときに、必要な数量の部品や材料を調達するJIT調達が実現できます。これにより、ムダな部品在庫などを減らすことができるため、経営効率を高める効果が期待できると言われました。

現在、世の中に出回っている生産管理パッケージやERPパッケージの生産管理モジュールは、MRPロジックをベースにしています。それは半世紀前に、生産管理分野でのコンピュータ利用が始まったときの主要用途が、大型コンピュータを用いたMRP計算だったためです。部品点数の多い製品のMRP計算は手作業では難しく、コンピュータが利用されました。

構成部品の手配に手間がかかっていた組立型の大手製品メーカーでの部品手配に対し、MRPは効果を発揮しました。そして、多くのコンピュータメーカがMRP計算をベースにした生産管理パッケージを開発し、販売していきました。このときの延長で、生産管理システムと言えばMRPと考える人も多いのです。MRPの影響で、工場の生産は生産計画で動くと固く信じている人もいます。特に工場現場を知らないIT関係者ほどそのように考える傾向があり、注意したいところです。

MRPは計画生産型企業に適している

MRPは一言で言えば、「一度立てた計画通りに粛々と部品を調達して生産す

MRPシステムの手順

①MRP システムに基準生産計画（MPS）を登録する
②部品構成表（BOM：Bill Of Materials）を使って部品展開計算する
③MPS の計画日をもとに最終製品、ユニット、部品などが必要になる時期を定めて仮引当する
④必要時期からリードタイム分だけ遡って着手時期と手配数量を算出する（所要量計算）
⑤タイムバケット単位で同一部品の数量まとめを行い、在庫不足分を在庫補充手配する（正味所要量計算）
⑥補充手配した部品を注文する
⑦製造日になったら部品在庫を正式に引き当てて製造場所に払い出す

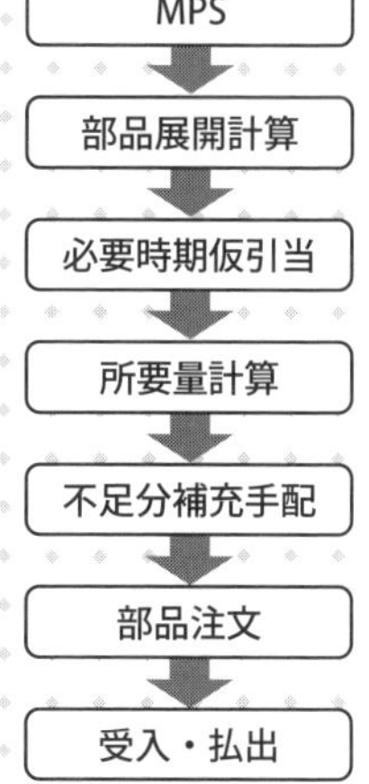

MRP生産管理は日本の工場には合わなかった

日本工場の特性が MRP と合わなかった

1. 日本の工場は受注生産工場が多く、計画生産工場のためにつくられたMRPとは相性が悪かった
2. MRP の基本は計画重視で、そもそも計画変更への対応力が低かった
3. 日本の工場はルールを逸脱した計画変更が多く、MRP の前提ルールが反故にされやすかった
4. MRP は安全在庫で欠品対応するが、日本の工場は在庫削減が優先された
5. 製造現場がシステムの指示通りに作業しないことが多く、計画が守られないことがあった
6. MRP は正確な部品構成表（BOM）がないと計算できないが、部品構成表がない工場もあった
7. 製造指示が工程単位になるので進捗管理が十分にできず、紙（指示書）の山にもなりやすい

システムベンダーが無理な MRP 利用の提案をした

◇部品展開計算しか必要ない企業に、無理に MRP パッケージを提案した
◇部品構成表が整備されていない工場に対しても MRP を売るベンダーがいた
◇MRP は製造進捗管理が苦手なのに、進捗管理が重要な工場に MRP を押しつけた
◇MRP が使えない工場に対してカスタマイズを実施し、一貫性のないシステムができた
◇実際にはほとんど必要のない詳細な MRP による原価計算の利用を煽った

日本の生産管理システム利用の現状

◇生産管理システムは伝票発行が主体で、計画や進捗管理は Excel で行っている

るための仕組み」に相当します。計画や納期の変更が頻発するようなことは想定していません。

MRPは、計画が安定してさえいればジャスト・イン・タイムが実現でき、余分な在庫を減らすことも可能です。一方で在庫を利用して変動対応力を高めるとか、業務の柔軟性を高めるようなことはあまり想定していません。

このMRPの安定計画条件にマッチする工場は2つのタイプに絞られます。

1つは、製品在庫補充をベースにした計画生産型の製品組立工場です。消費財や汎用的な生産財の最終製品工場に見られる生産形態です。ただし、計画生産型の工場は大手のメーカーなどが中心で、工場の数は限られます。

もう1つのタイプは、受注生産型の製品組立工場です。リードタイムが長くて注文納期、注文数量、製品仕様などの変更がほとんどないタイプの製品をつくっている工場です。電力会社向け、鉄道会社向け、防衛庁向けなどの公共財製品を製造するメーカーに多いタイプですが、かなり特殊な工場です。

日本にはMRPが使える工場は少ない

上記の2つのタイプの工場は極めて限られます。日本の大半の工場は、取引先からの注文で専用の部品や機械をつくって納入するタイプの受注生産型工場です。家族経営の町工場から中堅規模の工場まで、このタイプの工場が多数を占めています。

食品、化学製品、電気製品などの消費財の工場でも、中堅規模の工場は自社ブランド品だけではなく、大手メーカーなどからの注文に基づくOEM製品もつくる工場が数多く存在します。最近は量販店が自らPB製品を開発したりするケースも増え、こうした中堅工場が受け皿として成長しています。これらの工場も受注生産型工場です。

日本の一般的な受注生産型工場の課題は、取引先からの注文変動が大きいことです。数量変更や納期変更が頻発にあります。そうした変更に機敏に対応できることを強みとしている工場も多く、変動に対する柔軟な対応が変動対応競争を促しています。

これらの工場では、MRPが求める安定計画に基づく生産を維持するのは困難です。MRPパッケージのベンダーは、計画精度が低過ぎるから機能しないと説明しがちですが、それはないものねだりとも言えます。

MRPは部品が欠品すると生産できない

◇MRPでは引当時に部品が1つでも欠品すると、対象製品の生産すべてができない
◇さらに不足部品の追加補充手配オーダーが乱発されて、手配が混乱する可能性もある
◇この問題を防ぐためには、あらかじめ安全在庫を積み上げておく必要がある

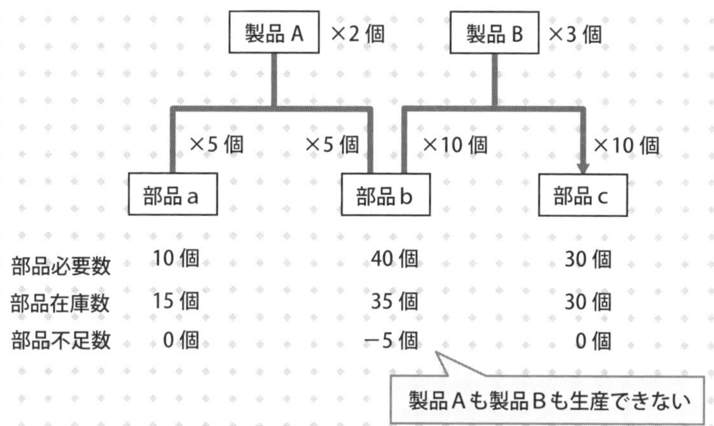

MRPは工程単位に指示書が発行される

●日本工場に多いのは全体製造指示（工程全体を通じて1つの製造指示書（製造番号））

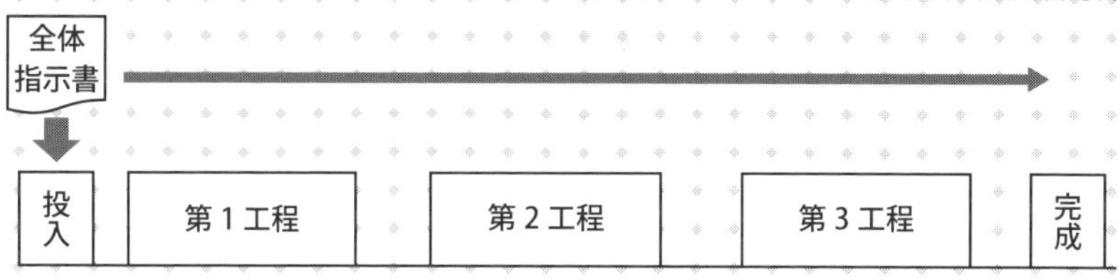

●MRPの工程別製造指示（工程ごとに個別指示書（工程別指示番号）が発行される）

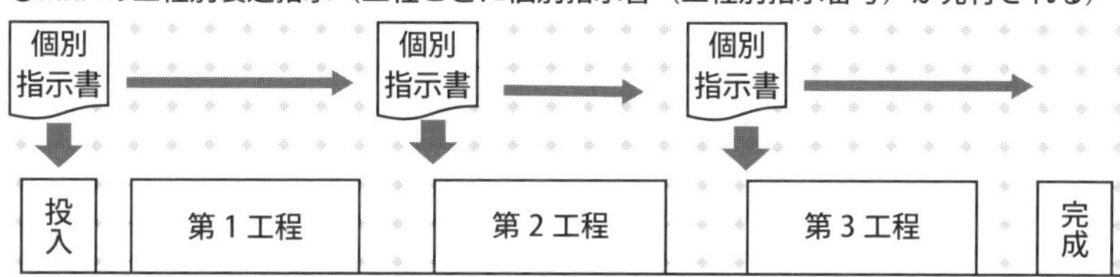

◇製造指示が工程単位で途切れるので製造進捗をつかみにくい
◇工程単位に指示書が出力されるので紙の山となりやすい

5-3 MESを追加で導入する

MRPシステムの弱点を補うために、工場内の製造工程の工程計画と製造業務の管理をするシステムとして、MESを利用する工場が増えています。

MESとは何か

MESとはManufacturing Execution Systemの略で、日本語では「製造実行システム」と呼びます。MESは、ERPもしくは生産管理システムで作成された生産手配指示を受けて、製造工程の工程計画作成や製造工程制御、製造実績管理、品質管理などの統制を行うシステムです。

MES自体は新しいシステムではありません。1980年代頃にMESを導入した工場も多くありました。当時の主要ユーザーは半導体工場、医薬品工場、化学製品工場などでした。当時のMESは、自動化製造ラインの製造設備制御と一体化されて運用されるケースが多く、導入工場の多くがそのような形態の工場でした。

当時の製造業界はFA（Factory Automation）やFMS（Flexible Manufacturing System）ブームで沸いており、MESはそれを支えるシステムとしても期待を集めました。現在のMESも、スマート工場と一体化して騒がれることが多いですが、当時も現在とほぼ同じ状況でした。

なお、医薬品工場は厚労省の指導により品質管理情報の収集・管理が厳しく、医薬品業界向けMESパッケージを導入して品質トレース情報や検査情報を管理する工場もありました。一方で、機械系の工場の場合は、MESを入れるほどの管理を必要とはされていなかったために、MESはあまり話題に上りませんでした。MESが対象としていた工程管理部分は、生産管理パッケージの工程管理機能を使うか、POP（Point Of Product）と呼ばれた簡易工程実績監視システムを導入する工場が多かったのです。

MESはなぜ再び注目されるようになったのか

近年、MESが注目を集めるようになった理由は4つ挙げられます。

MESの機能

MES とは生産管理システムと製造設備（プラント）の間に入って製造制御や製造監視を行うシステム
日本では工程管理システムと呼ぶこともある

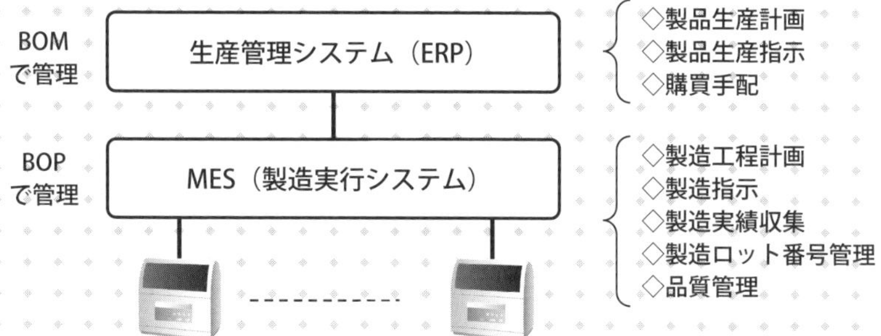

MESが期待されるようになった背景と課題

ERP パッケージの生産管理モジュールは工程管理機能が弱体

↓

仕方なく Excel で独自で工程管理する工場が増えている

↓

Excel だと計画変更や全体納期調整に手間がかかる

↓

海外から MES パッケージが上陸した

↓

日本の製造現場の自主性に合わせることが可能か明確でない

↓

導入企業も増えてきたが製造実績管理が中心で使っている

①製造工程での納期遅れが多発するようになった

第一の理由は、製造段階の納期遅れが増えたことにあります。部材の遅れや人手不足、製造現場管理能力の弱体化などで納期遅れが頻発するようになり、工場の製造現場には細緻な工程管理が要求されるようになりました。

②ERPの工程管理が弱体

日本の工場では、生産管理パッケージの工程管理機能や個別開発のPOPシステムで進捗管理をしていました。そうしたこともあり、海外製ERPの工程管理機能が弱いことがわが国ではあまり浸透していませんでした。

欧米では早くから、ERPの工程管理機能の代わりにMESが使われていたようです。ERPを入れてからこの問題に気づいた工場が、慌ててMESの導入を検討する例が増えています（特に大企業の工場で）。MESへの追加投資ができない工場では、MESの代わりにExcelで工程管理しているところも多いです。

③トレース情報が必要となってきた

現在の製造工場では、さまざまな製造実績情報の管理を要求されるようになってきました。品質管理やSDGs対応のために、製造ロット別の製造履歴や検査情報などのトレース情報の収集を要求されるケースが増えてきたのです。それに対応するために、MESを使う動きも顕著になっています。

④スマート工場ブームの影響

ITベンダーが工場におけるDX利用を盛んにPRしています。IoT活用やスマート工場化などがそうですが、これまで具体的なソリューションツールはありませんでした。そこで、MESがそのツールとして期待されているのです。ただ、FAやFMSブームのときと同じく、言葉だけに踊らされないようにしましょう。

MESを導入する

古くからMESパッケージが普及してきた半導体工場や医薬品工場を除くと、手軽なMESパッケージはほとんど見当たりません。海外製の大規模なMESパッケージはあるものの、そこまでのものが必要な大工場は限られます。

そこで期待されているのが、簡単にシステムを開発できる「ローコード開発ツール」を使い、個別MESを作成する動きです。筆者も複数の工場で、ローコード開発ツールによる簡易MESの導入支援を行ってきました。

MESで収集する主な実績データ

MESで収集する実績データには、時刻を収集するケースと
時間を収集するケースがある

①時刻収集データの例

◇工程単位の着手、完了時刻（リードタイム）
◇機械単位の着手、完了時刻（稼働時間）
◇作業員の着手、完了時刻（作業時間）

②時間収集データの例

◇段取り時間（セットアップ時間）
◇実稼働時間
◇待機時間
◇休憩時間
◇非稼働時間
◇故障時間
◇手直し時間
◇その他

MES構築のアプローチ比較

	概要	課題
MES パッケージ利用	市販されているMESパッケージを使ってMESシステムを構築する	◇国内で普及しているMESパッケージは品質実績管理用が中心で、工程管理機能は弱い ◇海外製は導入費用が高く、サポート体制もこれから ◇既存の生産管理（ERP）パッケージとのすみ分けやデータ連携の検討が必要 ◇日本の製造現場とのマッチング検証が十分ではない
既存生産管理 パッケージ利用	既存の生産管理パッケージの工程管理機能をMESとして使う	◇MRPの影響で工程管理機能が弱い（特に海外製ERP） ◇大量のカスタマイズが発生しやすい ◇ベンダーSEの製造現場知識に不安がある ◇計画優先システムは現場から拒絶される可能性がある
工程管理 パッケージ利用	市販されている工程管理パッケージを利用する	◇小さなベンダーが開発していることが多く、メンテナンスに不安が残る ◇機能が限定されるため使えないことがある ◇生産管理システムとのデータ連携に支障が起きる可能性がある
個別開発	ローコード開発ツールなどを使って個別開発する	◇システム設計のできる人を探す必要がある ◇システムメンテナンスも自社で行うのが理想 ◇生産管理パッケージとの連携検討が重要となる ◇Excel利用が残りやすい

**工程管理用のMESはローコード開発ツールなどを使い、
独自に簡易MESを構築する工場が増えている**

5-4 工場の進捗は製造番号で管理する

工場内の製造指示や進捗管理では、番号を使って部品や仕掛品の動きを監視します。そのときに使うものが「製造番号」です。製造番号には製品に対して採番する「製番管理方式」と、同時に製造する製品の塊（ロットもしくは移動容器）に対して採番する「製造ロット番号管理方式」があります。また個別の製造番号ではなく、累積の製造数を番号づけした「追番管理方式」というものも存在します。

製番管理方式

製番管理方式は、大型機械の製造に代表されるプロジェクト型の製品製造の進捗管理に使われるものです。個別製品に付与された製造番号をキーにして製造指示します。製造番号は、受注時の受注番号やプロジェクト番号を使うこともあります。製造番号が指示書に印字され、各工程に流れることで製造指示される仕組みです。

製番管理方式での進捗管理のポイントは2つあります。1つは製品の生産活動の進捗管理です。大型機械の場合は個別設計品が多く、設計開始から製品完成まで長い月日を要します。最低でも1カ月、造船などは2年近くかかる例があります。この期間内に生産プロジェクトがどの工程まで進んでいるかを監視するため、製造番号を使って工程進捗を管理するのです。

工程進捗管理では生産計画に比べて遅延していないかや、予定納期通りに完成するかについて監視します。ただし、この種の製品の生産活動には、設計作業や組立作業のように定量的な進捗把握がしにくい人手作業があり、監視が難しいことも少なくありません。

製番管理方式のもう1つの使い方は、構成部品の調達管理です。調達業者に構成部品を注文する際に、製造番号を紐づけて注文します。製造番号がついた部品が納品されたことの確認により、すべての構成部品が納品されたかどうかを確認することができます。

製番管理方式は、1つでもリードタイムが長い部品があると、その部品のリードタイムに引きずられて全体のリードタイムも伸びてしまいます。全体

製造番号による進捗管理

計画変更の多い日本の工場では製造番号で進捗管理しているところが多い
◇製造番号を使って対象製品（仕掛品）がどこの工程まで進んでいるかをつかむ

↓

ERP パッケージの生産管理は計画作成型の MRP をベースにしているため、製造番号での進捗管理ができないことがある
◇MRP は効率良く調達計画をつくるのが主体の仕組み
◇MRP では工程の全体日程を管理することを想定していない
◇MRP では各工程は独立として管理する
◇MRP には製造番号を使って生産全体を追跡する発想がない
◇MRP の指示番号は工程単位に採番される

↓

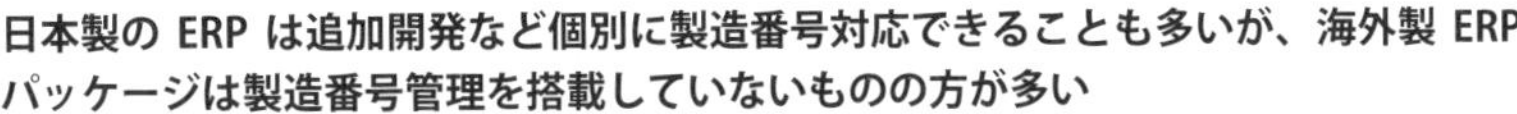

日本製の ERP は追加開発など個別に製造番号対応できることも多いが、海外製 ERP パッケージは製造番号管理を搭載していないものの方が多い
◇ERP を導入してから製造番号管理ができないことに気づくユーザーも多い
◇製造番号での管理ができないことで生産が混乱している工場も多い

↓

製造番号での管理が必要かどうか検討し、必要なら製番管理機能を追加開発する

製番管理と製造ロット番号管理

	製番管理	製造ロット番号管理
対象工場	個別製品組立工場が中心	繰り返し部品加工工場に多い
ロット数	少ない（基本は1台単位）	大きい
管理目的	構成部品の手配 プロジェクトの作業進捗管理	製造工程への製造指示 工程単位の進捗管理 ロットトレース
製造番号	受注番号と同じことも多い 途中で番号は変わらない	受注番号とは異なるのが普通 途中で番号が変わることがある
ロット分割	途中でロット数が分割することはない	途中の工程でロット数が分割されることがある
MRPとの相性	部品展開だけにMRP計算を利用することは可能	工程指示方法が違うためMRPとは相性が悪い

リードタイムが長くなると、先に納品された部品が仕掛品在庫として工場内にたまる問題が生じます。そのため、在庫発生を嫌がる経営者の中には時代遅れの管理手法と考えている人もいますが、納期遅れが増えたことで、製番管理の進捗監視機能が納期遅延リスク対策として見直されています。

製造ロット番号管理方式

機械部品の加工業者のように、部品がロット単位にまとめて工程間を移動して加工される工場で使われているのが、「製造ロット番号管理方式」です。製造ロット番号管理とは私が名づけた呼称で、一般的にはこの形式も製番管理と呼ばれます。ただ、厳密には両者の管理用途は異なります。

製造ロット番号がついた部品は何らかの容器（通い箱など）に入れられてロット移動しますが、その単位ごとにロット番号が付与され、製造指示書が発行されます。製番管理との違いは、製造番号が仕掛品そのものにつくのか、ロットにつくのかです。製番管理方式の場合は工程途中で番号が変わることはありませんが、製造ロット番号管理方式の場合は、途中でロットが分割されるとロット番号が変わることがあります。

工程の進捗管理をする場合には、途中でロット番号が変わると新旧の番号で紐づけしなければなりません。単純な製番管理方式のシステムを、製造ロット番号管理の工場が使おうとするとこの問題が起きるため、十分な進捗管理ができない可能性が出てきます。小物部品や化学品の場合は、数量ではなく重量でないと管理できない工程もあり、数量と重量のテーブル変換計算機能などの個別仕様が求められることもあるのです。

追番管理方式

追番とは、ある起点からの累積の製造個数のことです。大規模食品工場など同じ製品を連続的に生産する工場では、ロット単位で進捗管理をすることができません。代わりに累積製造数の番号をつけて進捗管理を行います。現在、累積何番目の製品がどこでつくられているか、というような単位で管理します。

累積番号をグラフ化したのが、3-2項で紹介した流動数曲線グラフです。工場の製造開始と製造完了の累積数字をグラフ化すると、両線の横の間隔が製造リードタイムを示すことになります。縦の間隔は工場内の仕掛品在庫量を示します。流動数曲線グラフを使えば、リードタイムや仕掛品在庫量が簡単に確認できます。

製番管理方式

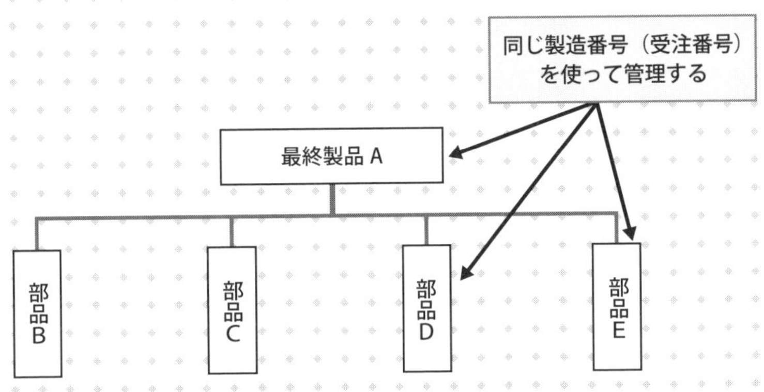

製造ロット番号管理方式の指示書のサンプル

佃製作所　製造指示書				発行日	2023.06.01
製造ロット番号 ロット分割番号	001000	01			
品名・サイズ	下町ロケット部品　A0011	納期	2023.07.30	製造数量	250
納入先	帝国重工業 様	受注管理番号	KM0001-01		

工程順	工程名	工程ID	開始予定日	完成数量	作業者	メモ	工程ID
1	製造指示	*H1*	6月1日				
2	切削加工	*H2*	6月5日				
3	熱処理	*H3*	6月10日				
4	仕上加工	*H5*	6月25日				
5	穴あけ	*H6*	7月5日				
6	表面処理	*H7*	7月7日				
7	検査	*H8*	7月22日				
8	包装	*H9*	7月25日				
9	完成	*H10*	7月28日				
10							

製造指示書に書かれた製造ロット番号を使って工程進捗管理する
（製造現場でバーコードで読み取って実績入力する）

5-5 在庫の精度を向上させる

PSI計画の精度を高めるためには、監視対象の在庫量が正しい数字であることは必須です。実際の在庫量（実在庫）とコンピュータ上の在庫量（帳簿在庫）の値が違っていれば、どんなに精緻な計画をつくっても意味がありません。販売計画や生産計画の信頼性も損なわれることになります。

コンピュータ在庫と実在庫に差異があると、引当処理ができなくなる可能性もあります。また、コンピュータ上の在庫に対する引当はできたのに実際は在庫がなかったとか、もしくは実在庫はあるにもかかわらず、コンピュータ在庫がなくて引当ができないなどが起こります。この状態のままでは、生産指示通りの生産は期待できません。

在庫精度が低くなる原因は大きく3つの可能性があります。1つ目は、在庫に対する扱いが企業内で明確になっていないことが挙げられます。2つ目は、在庫置き場の在庫品の入出庫作業がいい加減に行われていることです。3つ目は、在庫の棚卸作業が正しく行われていないことです。

在庫管理方針が明確になっていない

在庫にはトレードオフ関係、すなわち増やした方がいいか、減らした方がいいかの判断が決めにくいという問題があります。

日本の企業経営では、在庫は減らすという考え方をとるのが一般的です。しかし近年は、十分な安全在庫が用意できていないことで要求納期に納品できなかったり、計画通りの生産ができなかったりするトラブルに見舞われる工場が増えています。こうした工場では在庫を積み上げがちです。

部品や材料は、まとめて買う方が安く購入できることから、それにこだわる購買部門も見られます。さらに、2022年は半導体の欠品を恐れて先行発注する工場も多く、2023年になって発注残が入荷して在庫過多となった工場もあるようです。

在庫の扱い方針が企業経営として確立されていればよいですが、担当部門任せや担当者任せの工場では、在庫管理方針どころか在庫の現物管理も十分にできていない可能性も否めません。

部品在庫の精度が悪いと製品がつくれない

システムを通さなくても部品在庫の入出庫ができる
↓
システム上の部品在庫と実際の在庫の数字が合わない
↓
システム上で引き当てた部品が在庫置き場にないので使えない
↓
製品の生産に使う部品の場合は対象製品がつくれない
↓
手作業で他製品用の部品などを流用することがある
↓
今度は他製品がつくれなくなる
↓
手作業による調整や入出庫が横行し、システムが機能しない

システム上に在庫がないと引当処理ができない

生産オーダーが使用する品目と在庫品を紐づける処理が引当処理

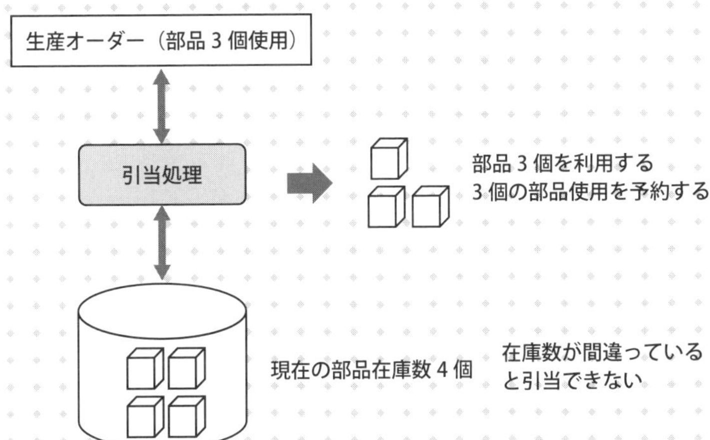

入出庫作業に問題がある

在庫品に対する入出庫作業に問題があることで、コンピュータ上の在庫（帳簿在庫）と実在庫に差異が出ている工場があります。入出庫作業をする現場作業員がコンピュータからの指示とは別に、個人判断で在庫品を移動させているようであれば、コンピュータ在庫と実在庫が合わなくなるのは当然です。

不良品が混じっていたなどの原因で製造現場が急に部品を入手しようとしたときに、こうした非公式な在庫移動が発生しがちです。たとえ非公式な在庫移動をしたとしても、その後にしっかりとコンピュータの在庫数字を修整すれば問題ありませんが、忘れることの方が多いのではないでしょうか。

この問題を防ぐためには、在庫移動に関するルールを明確にすることです。

棚卸作業が十分でない

在庫の入出庫作業ルールを徹底させたとしても、コンピュータ上の在庫データと実在庫を間違いなく一致させることが可能かどうかはわかりません。そのために、定期的に両者の数量確認を行う「棚卸作業」を実施します。

棚卸作業では不良品のチェックも行います。

基本的な棚卸作業は在庫品リストを印刷して、それぞれの在庫がいくつ残っているかを数えます。その在庫量がコンピュータ上の在庫量と一致していれば、当該品目の棚卸作業は終了です。

両者の数量が一致しない場合は、再度数え直すか、漏れがないかを確認して差異の原因を特定します。それでも数字が合わない場合は、コンピュータの在庫数字を実在庫数に修整しますが、修整タイミングを間違えるとかえって数字がおかしくなることがあるため注意したいところです。

棚卸リストにはコンピュータ上の在庫数字を印字するケースと、印字しないケースがあります。印字すれば作業確認は迅速にできるものの、実在庫確認がおざなりになる可能性が残っています。できれば、リストには在庫数量を印字しない方が好ましいです。

製品に品名コードや入庫番号などのバーコード情報がついているような場合は、ハンディ端末などを使って棚卸作業をすることがあります。

在庫精度を高めるための方策の例

①部外者の在庫置き場への立ち入りを制限する
② 在庫移動指示書（ピッキングリスト）のない在庫移動を禁止する
③ 在庫品を棚から出したときにコンピュータデータを更新するようにし、なるべく後からの修整は行わない
④ バーコードや IC チップを利用して在庫品の棚からの取り出し確認を行う
⑤ 自動倉庫やデジタルピッキングを活用して手作業の入出庫をなくす
⑥ 工場配膳時や出荷作業時も在庫移動品の現物確認を行う
⑦ 出荷実績や配膳実績をリアルタイムでコンピュータシステムに取り込む
⑧ イレギュラーな入出庫業務実績も必ずコンピュータに記録する
⑨ 仕掛品在庫に関しては在庫置き場を明確にする

棚卸数字が合わなかった企業の例

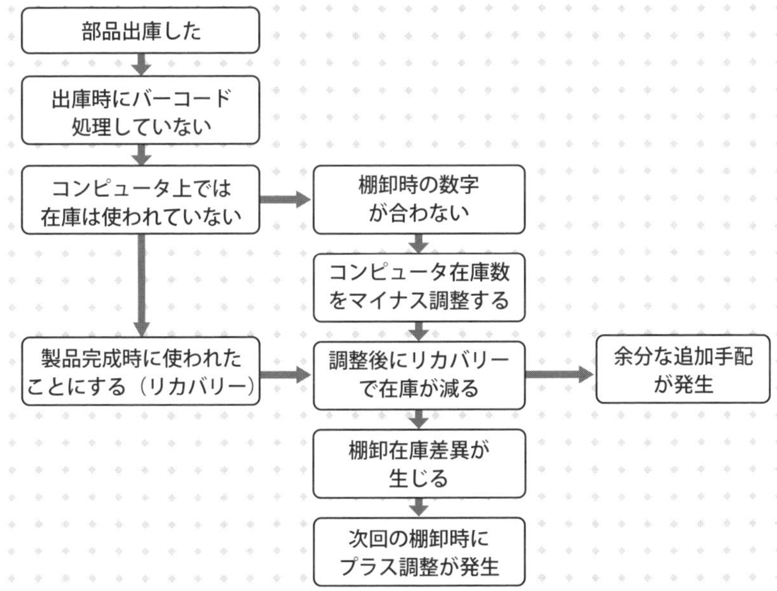

コンピュータのリカバリー処理が棚卸数字が合わない原因となっていた

5-6 進捗情報を正しく入力してもらう

いくらサプライチェーン監視を強化したくても、現場が進捗データや在庫の入出庫データを、タイムリーに入力していない状態では意味がありません。

商物分離が浸透してきた結果、販売物流現場におけるデータ入力は徹底化されてきていますが、工場内での進捗関連データの入力に関しては相変わらず不十分な状態にある現場も多く残っています。

たとえシステムにデータが入力されていても、必ずしも正しい値が入っているとは限りません。たとえば、すべての工程の完了日が同一になっていた工場もあったほどです。

本項では、工場の製造現場で正しく入力してもらえない要因を整理しました。読者のみなさんの工場でも思い当たることはないでしょうか。

何のために入力するのかわからない

現場に入力してもらえない要因のひとつが、そもそも現場要員に何のために実績入力するのかがうまく伝わっていないことです。この状態では、タイムリーに入力してもらえないのも仕方がありません。

そのため、筆者はできるだけ早い段階で、関係者に対して生産管理研修を実施した上で、改善プロジェクトやシステム導入プロジェクトを開始してもらうように勧めています。一部のプロジェクト関係者だけでシステム導入を進めることは自殺行為です。

忙しくて実績入力どころではない

実績入力をしなかった現場からの言い訳としてよく聞くのが、「忙しくて入力どころではなかった」という話です。ときに、「実績入力などしていたら予定製造量を製造できない」と怒られることさえあります。これでは製造統制どころではありません。

センサーやカメラなどを使って自動入力を実現する取り組みもあり得ますが、属人的な入力項目が必要な例もあってなかうまくいかないことも多いです。その場合は、入力項目の見直しも必要です。たとえばNC加工機で実施し

進捗情報でわかる主な滞留問題点

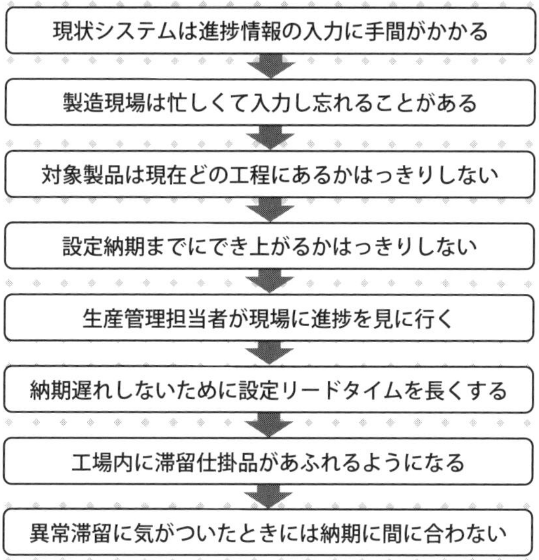

現状システムは進捗情報の入力に手間がかかる
↓
製造現場は忙しくて入力し忘れることがある
↓
対象製品は現在どの工程にあるかはっきりしない
↓
設定納期までにでき上がるかはっきりしない
↓
生産管理担当者が現場に進捗を見に行く
↓
納期遅れしないために設定リードタイムを長くする
↓
工場内に滞留仕掛品があふれるようになる
↓
異常滞留に気がついたときには納期に間に合わない

進捗実績データでわかる待ち時間の実態

①初工程開始が遅れている（部品遅れ、計画待ちなどによる）

投入 —待ち時間→ 初工程 中間工程 最終工程

②全体的に待ち時間が発生している（余裕時間、生産指示の問題などによる）

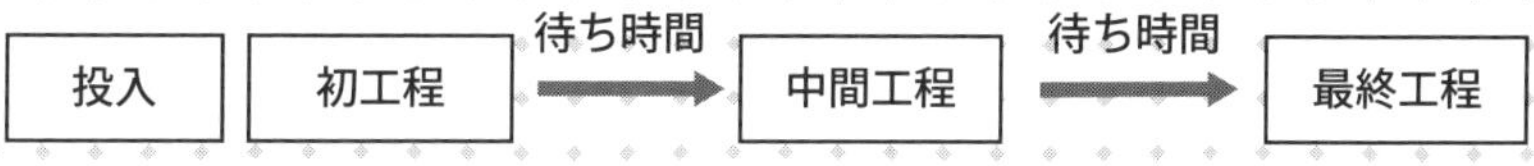

投入 初工程 —待ち時間→ 中間工程 —待ち時間→ 最終工程

③特定工程の前で待ち時間が発生している（能力不足などによる）

投入 初工程 —待ち時間→ 中間工程 最終工程

ている加工工程は、製造時間は常にほぼ一定で計算できるため、着手日時入力は省略しても大きな問題にはなりません。工程完了日時と出来高をしっかり入力させるだけでも、滞留時間分析は可能です。大企業も含めてこのような工場はよくあります。

入力項目が多過ぎる

上記とも関連しますが、実績入力項目が多過ぎると言われることもよくありります。品質管理上、省略できない項目の入力は仕方がありませんが、あまり重要でもない項目入力を強制している工場が見受けられます。システムベンダーに言われるがままによく考えもせず、入力しなければならない項目にしてしまったシステム担当者も少なからずいるようです。

ムダなデータ項目の代表が、個別原価計算に用いる精緻な実績作業時間です。作業実績時間を収集するために、工程着手時間や製造時間を入力している製造現場が見られます。製造業の経営において、詳細な個別原価計算をする必要性はほとんどありません。現場の余計な負担は取り除くべきです。

入力端末が使いにくい

現場要員から入力端末が使いにくい、と言われることがよくあります。たとえば次のようなケースです。

①入力端末の操作が難しい

小さなハンディ端末で何から何まで実績入力させようとすれば、操作は複雑になります。最近はバーコードリーダーのついた安価なタブレットを使い、現場データを収集する工場も増えています。

②入力現場と製造現場が離れている

製造現場のそばに入力端末を置くことができない工場や、高価な入力端末を何台も購入できない工場が見られます。安い入力装置はないか、入力項目を減らすことができないかなどの検討も必要です。

③環境上、入力端末が使えない

塗装工程やめっき工程、高熱にさらされる工程（鋳造、熱処理）などでは、製造現場の近くに入力端末を持ち込むことができません。また、工場の敷地が広過ぎて無線LANが届かない製造現場もあるようです。

製造現場方針が原因で起きる待ち時間

製造現場の製造方針例	どんな待ち時間が発生するのか
現場がつくりやすいものからつくっている	つくりにくいものが後回しになる
現場は完成納期が近いものからつくっている	納期に余裕があるものが後回しになる
現場が暇になったので、前倒しでつくった	前倒したものが後工程では後回しになる
特急指示の製品を優先してつくっている	特急指示がないものが後回しになる
納期遅れが心配なので先行してつくるようにしている	先行製造した製品が後工程で滞留する
親会社の内示通りにつくっている	内示が変更したことでいらないものが残った
工程納期に遅れているものからつくっている	モグラたたき状態になり余分な滞留が増える
製造効率を上げるためにまとめ生産をする	まとめ品が届くまでの待ち時間が発生する
欠品対策のために外注には多めに発注する	多めに発注したものが残る

リードタイム管理に関する整理

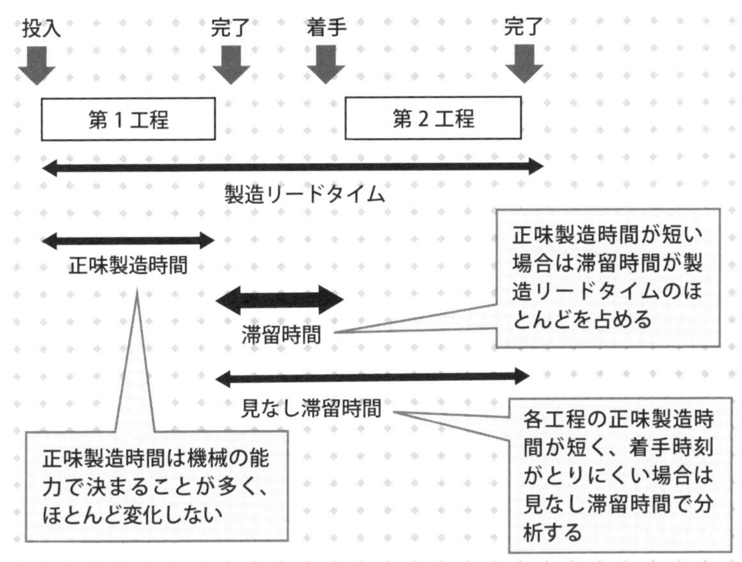

5-7 過去の成功体験に気をつけよう

PSI計画を機能させるためのポイントは、過去の成功体験や失敗体験に流されないようにすることです。計画担当者が過去の体験にこだわり過ぎると、計画作成経験が計画バイアスとして意思決定判断を左右することがあります。たとえば、次のようなバイアスが心配されます。

経験の弊害

①サバ読みの原因となる

過去に成功や失敗の体験をした人は、学習効果で独自のサバ読みをする傾向があります。特に優秀で気が利く人間ほど、この傾向があります。しかし、個人による独自のサバ読みは、システムの計画精度を維持する上で障害となりやすい行為です。実務関係者の間にサバ読みが横行している状況では、どんなに精緻な計画を策定しても計画が機能する確率は低くなります。

②ハロー効果を生み出しやすい

ハローとは、聖人や仏像が背負う後光のことです。ハロー効果とは、ある対象を評価する際に、それが持つ特異的な特徴に引きずられて評価が歪められる現象を指します。計画策定においては、楽観的な予測に引きずられるのがハロー効果です。悲観的な予測に引きずられるのは逆ハロー効果と呼ばれます。いずれのケースも、予測数字や計画数字が歪められる原因となります。

③現場や経営者を気にし過ぎる

過去の体験が豊富な人ほど、現場や経営者の動向を気に掛けがちです。現場を気に掛けること自体は悪くはありませんが、過度に気にし過ぎると配慮が行き過ぎて、計画決断が歪められることが心配されます。

④海外ではうまく行っている

これは本人の成功体験とは違いますが、自社の海外拠点でERPによる計画管理がうまく行っていることを強調して語る人がいます。ところが欧米と日本では、企業文化が大きく違うことが抜けて話されていることがあります。一般的に、欧米の現場作業員は指示に従順な人が評価されますが、日本では従順だけではなく、さらに自らが工夫する人間が評価されがちです。これは上記のサ

成功体験がバイアスとなって計画作成の支障となる

◇担当者がサバ読みを行う原因になる
◇経営者が担当者のハロー効果を生み出す
◇担当者が現場の意向を気にし過ぎる
◇海外ではうまく行っていると思い込む人がいる
◇必要以上に「在庫は悪」を信じ込む

どうすればバイアス問題から抜け出せるのか

◇実績数字で状況を整理する
◇計画を信じて行動する
◇必ず結果を検証する
◇第三者に評価してもらう

自社だけではバイアス問題を取り除けないようであれば、コンサルタントの支援を仰ぐ

バ読みにつながりやすく、計画型システムが日本では機能しない遠因と言えます。

⑤在庫は悪の影響

在庫を減らし過ぎると、計画変動への対応力は落ちます。ところが日本には、必要以上にトヨタ生産方式の「在庫は悪」に感化されている企業があります。この考え方も、PSI計画の策定や運用の障害となりやすい課題です。海外では、日本ほど在庫削減に神経質になることはありません。

どうすればバイアス問題から抜け出せるのか

それでは、どうすればバイアス問題を防ぐことができるのか。計画バイアスを防ぐための方策をまとめました。

①数字で状況を整理する

バイアス問題から抜け出す最良の方法は、常に実績数字をベースに行動を監視することです。数字なしでの判断は、過去の経験に引きずられやすくなります。実績数字があれば、関係者が間違った思い込みをしても、冷静に事態を修整することができます。

②計画を信じて行動する

とりあえず、一度立てた計画を信じて行動することも大切です。最初から計画を疑ってかかれば、関係者の心の中にスキが生じ、独自の判断を加えようと考えがちです。それが、サバ読みやハロー効果につながることになります。

③必ず結果を検証する

結果は立てっぱなしではなく、結果を検証することが大事です。計画通りに行かずに失敗したら、なぜうまく行かなかったかの検証を実施します。検証することで、次の計画の精度が向上します。それが、今後のバイアスを防ぐことにもつながります。

④第三者に評価してもらう

計画内容と実行結果を、社外の第三者に評価してもらうことも大事です。社内だけでの評価だと、当事者の責任問題になりかねないような話はうやむやになりがちです。また、声の強い人間に流されやすいという新たなバイアスの出現も心配されます。

こうしたことを防ぐために、第三者の評価は重要です。評価と言っても、常時監視してもらう必要はありません。一定期間ごとに、コンサルタントや社外取締役に状況確認してもらうことでも大きな対策になります。

過去の成功体験が時代変化に対する理解を阻害している例

①部品会社の納期遅延は想定していなかった

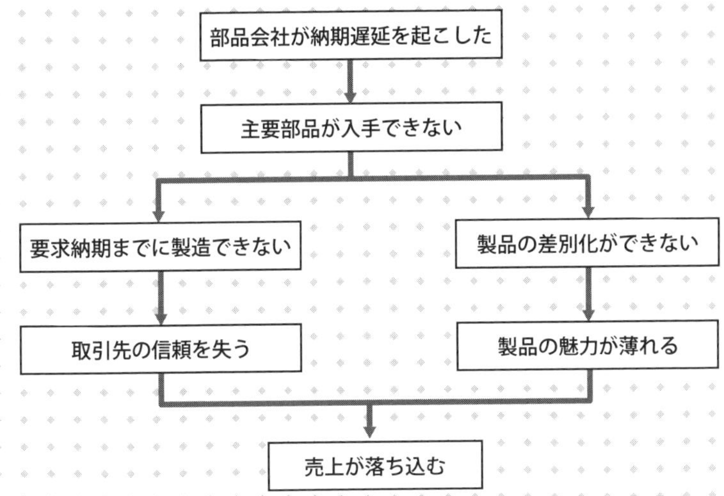

②ジャスト・イン・タイム（JIT）が機能しなくなった

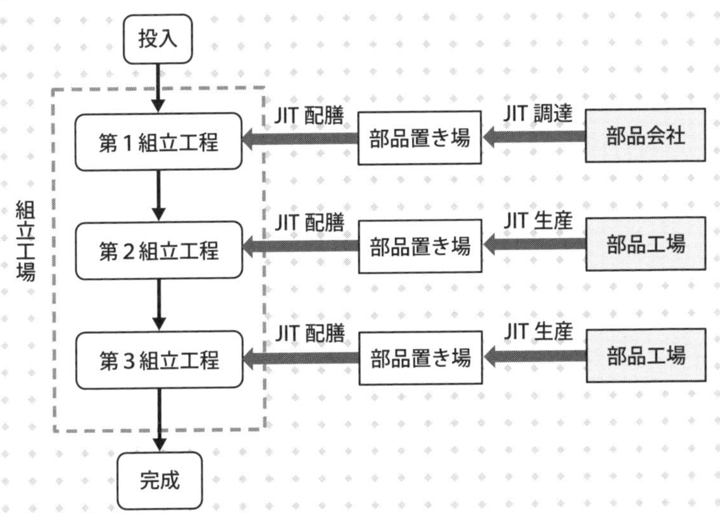

組立工程に部品をJIT配膳できないので、計画通りに組立完成できない

column

物流センターと物流倉庫は違う

高速道路で大都市圏の臨海部や郊外インターのそばを通ると、大規模な物流センターを目にすることが多いです。こうした物流センターは、トラックが各階に直接アプローチできるよう外部にスロープが設けられ、かなり目立ちます。大規模物流センターはREIT（不動産信託投資）業者が資金を集めて建設し、3PL（サードパーティー・ロジスティクス）業者や大手流通業者などに貸して運用しています。

大規模物流センターにスロープがついているのは、多層階倉庫を物流センターに転用する際に問題となる荷物エレベーターネックを回避するのが目的です。平屋建ての物流センターが一般的な米国と違い、土地の狭い日本で大規模センターを立地する場合は多層階建築が必須です。多層階でのエレベーターネックによる入出庫作業の制約は減らすために、各階にトラックスロープが設けられるようになりました。

トラックスロープは、物品保管が主体の物流倉庫ではあまり見かけません。物流倉庫の場合は物品の出し入れ作業は少なく、大型エレベーターや垂直搬送機の設置による対応で十分だったからです。

製造業者が工場とは別に物流センターを借りる際は、この違いに留意することが大切です。いくら賃料が安くても、エレベーターネックの可能性がある多層階物流倉庫を借りると作業効率は悪化します。

参考文献

◆本間峰一著、「誰も教えてくれない『生産管理システム』の正しい使い方」、日刊工業新聞社、2018年

同書は、工場が生産管理システムを活用しようとした際に直面しやすい課題や、工場関係者がそれらの課題にどう向き合えばいいかをわかりやすく解説した本です。「高額な費用を出してERPや生産管理システムを導入したが、今までは普通にできていた管理ができなくなった」という悩みを抱えている方のために、生産管理理論に関する基礎知識、生産管理の現状、課題、改善対策などをできるだけわかりやすく解説しています。

◆本間峰一著、「誰も教えてくれない『部品工場の納期遅れ』の解決策」、日刊工業新聞社、2020年

同書は、部品工場の納期管理のあり方を解説した本です。今まで、部品工場の納期管理や生産管理に特化した本はあまり見られませんでした。部品工場の関係者や工場の部品調達関係者に参考にしていただける本となっています。

◆本間峰一著、「誰も教えてくれない『工場の損益管理』の疑問」、日刊工業新聞社、2016年

同書は、儲かる工場にするにはどうすればいいかを、工場関係者の視点で整理し直した本です。従来の会計の本と言えば、「財務諸表の説明」「会計仕訳の解説」「収益性、安全性などの数値分析」という専門記述が中心でした。こうした本は、一般の人には敷居の高い話ばかりです。そこで工場の人が感じることの多い、経理部門とのやりとりに関する疑問から説き起こし、工場における損益管理の基礎を平易に解説しています。

◆SCM研究会編、「サプライチェーン・マネジメントがわかる本」、日本能率協会マネジメントセンター、1998年

◆SCM研究会編、「図解サプライチェーン・マネジメント」、日本実業出版社、1999年

◆佐藤知一著、「世界を動かすプロジェクトマネジメントの教科書」、技術評論社、2015年

◆佐藤知一著、「革新的生産スケジューリング入門」、日本能率協会マネジメントセンター、2000年

◆本間峰一、北島貴三夫、葉恒二著、「図解でわかる生産の実務　生産計画」日本能率協会マネジメントセンター、2004年

◆本間峰一著、「コストダウンが会社をダメにする」、日刊工業新聞社、2008年

◆本間峰一著、「社長が『在庫削減！』と言い出した会社は成長しない」、日刊工業新聞社、2013年

◆本間峰一著、「受注生産に徹すれば利益はついてくる！」、日刊工業新聞社、2014年

◆富野貴弘著、「生産システムの市場適応力」、同文館出版、2012年

◆大野耐一著、「トヨタ生産方式」、ダイヤモンド社、1978年

◆中小企業診断協会生産革新フォーラム編、「"JIT生産"を卒業するための本」日刊工業新聞社、2011年

◆鳥羽登著、「SEのためのMRP」、日刊工業新聞社、1995年

◆山口雄大著、「需要予測の戦略的活用」、日本評論社、2021年

◆山口雄大著、「需要予測の基本」、日本実業出版社、2018年

◆Richard C. Ling & Walter E. Goddard "Orchestrating Success" John Wiley & Sons, Inc.1988

◆J.R.TonyArnold,StephenN.Chapman,LloydM.Clive "Introduction To Material Management　Seventh　Edition" Prentice-Hall Inc.,2010（日本語版：中根甚一郎訳「生産管理入門」日刊工業新聞社、2001年）

◆(株)ほんまのサイトから、自由にダウンロードできる雑誌記事（コピー配布可能）

「追番管理で部品加工メーカーの仕掛品在庫を管理する」（工場管理　2014年9月号）
「カリスマ工場長になるための経営の極意」（工場管理　2017年4月号）
「定着するローコード開発ツールによる生産管理システム開発」（工場管理　2022年2月号）
「今後の在庫最適化で必要な3つの『攻めの在庫管理視点』」（工場管理　2021年3月号）
「受注生産型部品加工工場の生産管理システムはどうあるべきか」（プレス技術　2020年1月号）
「プレス／板金工場に必要な 生産管理の考え方と方法 ～伝票発行機状態のままだと納期対応が十分にできない！」（プレス技術　2022年7月号）
「なぜ日本の賃金水準は上がらないのか」（プレス技術　2023年2月号）
「利益増に直結するコストダウン・収益改善策」（ターンアラウンドマネージャ　2009年5月号）
「P/L再生の具体的手法と実践事例」（銀行実務　2014年8月号）
「システム開発トラブルは誰に相談したらいいか」（JMAマネジメント　2018年2月号）

索引

【英字】

ATO……52
ATP……40
BOM……104, 138
BOP……138
BTO……52
DC……11
EDI……10, 58
ERP……36
ETO……50, 106
Excel……142
GDP……130
JIT……38
JIT（ジャスト・イン・タイム）生産……134
JIT（ジャスト・イン・タイム）調達……134
JIT生産の流れ……135
JIT調達の流れ……137
MES……164
MPS……38, 40
MRP……38, 160
MRPⅡ……40
MRP方式……95
MTO……50
MTS……50
OEM生産……82
PDCA……46
POP……164
PSI（生販在）計画……12
SCM……8
SCMリスク……82
S＆OP……40
TC……11
TOC……112
TOCスループット会計……28
TPS……38
VMI……10, 158
Web-EDI……61

【あ】

安全在庫……18, 96, 163
安全在庫数……139
安全在庫量……93
移動平均計算……74
追番管理方式……170
押し込み販売……56

【か】

外注会社……158
稼働率……115, 124
簡易かんばん方式……92
監視……156
緩衝在庫……113, 114
ガントチャート……110, 146
かんばん……88
かんばん方式……94
企業利益……28
基準生産計画……38, 40
供給連鎖……8
共通EDI……61
経営効果……26
経営資源……26
経営マネジメントサイクル……46
計画……20
計画生産……50
計画生産型製品……54
計画変動……46
限界利益……28
原価至上主義者……28
公共系製品……52

交差比率……58
工順表……138
工数原価削減活動……28
工程外注……10
国内総生産……130
固定費……28
個別受注生産型……50
個別受注生産企業……106

【さ】

在庫回転期間……86
在庫計画……18
在庫は悪……124, 182
在庫分析……84
先入れ・先出し……153
作業経費……28
サバ読み……64, 66, 180
サプライチェーン……8, 156
サプライチェーン監視……157
サプライチェーンマネジメント……8
仕掛品在庫……18, 88
資材所要量計画……38
死蔵在庫……18
実在庫……172
実績入力……176
失敗体験……180
ジャスト・イン・ケース……136
ジャスト・イン・タイム……38, 70, 134, 183
受注組立生産……52
受注生産……50
受注生産型製品……56
需要変動対応安全在庫……96
需要予測計算モデル……77
需要予測ソフト……74
小日程計画……108
商物分離……58
正味製造時間……90
進捗情報……176
スケジューラー……146
スループット……28, 44, 130
成功体験……180
生産……130
生産計画……16
生産性……130
生産・販売会議……42
生産平準化……100
生産変動対応安全在庫……98
製造計画……105, 106
製造原価……28
製造効率……132
製造資源計画……40
製造実行システム……164
製造順……126
製造番号……163, 168
製造リードタイム……88, 112
製造リードタイム分析表……90
製造ロット番号管理方式……170
製番管理方式……168
製品在庫生産……50
製品製造原価計算……28
制約条件理論……112
設計計画……104

【た】

ダイナミックプライシング……102
大日程計画……108
滞留……129
滞留在庫……88
滞留時間……90
棚卸作業……174
ダブルビン方式……92
魂を入れる……140
単純部品展開方式……95
チェーンリーダー……8

中日程計画……108
調達計画……104
帳簿在庫……172
直接原価計算……28
賃上げ……44
定期発注方式……94
トヨタ生産方式……38
トレース……166

【な】

内示……10, 118
内示情報……70
入出庫作業……174
ネック工程……112
納期調整……100
納期調整役……128
ノルマ……22, 24, 42

【は】

バイアス……76, 180
ハイブリッド生産……50, 80
ハイブリッド生産タイプ……52
バズワード……144, 152
バックワードスケジューリング……146
発注点方式……92
ハロー効果……180
半導体不足騒動……64
販売可能数……40
販売計画……16, 54
販売・操業計画……40
引当処理……172
人手不足……44
標準製造時間……139
品質マネジメントサイクル……46
フィット・ギャップ（FG）分析……152
フォワードスケジューリング……146
付加価値……28, 44, 130
負荷調整……100
部材調達計画……105
物流センター……10
部品構成表……104, 138
部品展開方式……94
部品の納期遅れ……117
不良率……139
ブルウィップ効果……14, 62
ほんま式在庫分析表……86

【ま】

マスター……139
マスターデータ……138
待ち時間……153, 177, 179
マニュアルな製造指示……127
目標……22

【や】

山崩し……146
山積み……146
余剰在庫……18, 84
予測……20
予測精度……76
予測精度指標……77
予定……22

【ら】

リードタイム……139, 151
リードタイム管理……179
流動数曲線……88, 170
労働生産性……130
労働分配率……130
ローコード開発ツール……145, 166
ロジスティクス部門……156
ロットサイズ……139
ロット番号……170
ロットまとめ……62

〈著者紹介〉
本間 峰一（ほんま みねかず）
株式会社ほんま　代表取締役

1958年生まれ、東京都出身。電気通信大学電気通信学部応用電子工学科卒業。NEC製造業システム事業部、みずほ総合研究所コンサルティング部を経て、2012年に経営コンサルタントとして独立（株式会社ほんまコンサルティング事業部）。中堅規模の製造業者の生産管理システム活用、SCM改革、在庫適正化支援、リードタイム見直し支援などのコンサルティングを専門としている。

東京都中小企業診断士協会会員
東京都中小企業診断士協会中央支部認定「生産革新フォーラム研究会」代表
川崎市中小企業サポートセンター派遣専門員
ICT経営パートナーズ協会理事
アドバンスト・ビジネス創造協会会員、日本生産管理学会会員

主な資格：中小企業診断士、高度情報処理技術者（システムアナリスト、システム監査技術者、プロジェクトマネージャ、アプリケーションエンジニア）
主な著書：「誰も教えてくれない『工場の損益管理』の疑問」「誰も教えてくれない『生産管理システム』の正しい使い方」「誰も教えてくれない『部品工場の納期遅れ』の解決策」（以上、日刊工業新聞社）ほか多数

本書に関するお問い合わせ、企業研修、コンサルティングに関するご相談は下記にご連絡ください。
㈱ほんま　コンサルティング事業部
ホームページ　http://homma-consulting.jp/
E-Mail：m.homma@mbf.nifty.com

誰も教えてくれない「SCM計画立案・遵守」の疑問

あなたの会社の生販在（PSI）計画は機能していますか？

NDC509.6

2023年6月30日　初版1刷発行

定価はカバーに表示されております。

©著　者　本間峰一
発行者　井水治博
発行所　日刊工業新聞社
〒103-8548　東京都中央区日本橋小網町14-1
電話　書籍編集部　03-5644-7490
販売・管理部　03-5644-7410
FAX　03-5644-7400
振替口座　00190-2-186076
URL　https://pub.nikkan.co.jp/
email　info_shuppan@nikkan.tech

印刷・製本　新日本印刷

落丁・乱丁本はお取り替えいたします。　2023　Printed in Japan

ISBN 978-4-526-08280-1　C3034